C'EST MALIN

Découvrez des contenus exclusifs !

Comment les télécharger ?

1. Sur votre Smartphone, téléchargez une application de lecture de QR code.

2. Ouvrez l'application et flashez le QR code ci-dessous.

3. Vous voilà sur la page pour télécharger votre cadeau !

PDF

Avec ce livre, découvrez 4 contenus exclusifs :

- La check-list environnement (p. 91)
- La roue des 24 montagnes (p. 117)
- Le tableau des guas par année (p. 130)
- Le tableau des critères d'évaluation de la pertinence d'un site (p. 88)

Sans Smartphone, vous pouvez également accéder au contenu gratuit directement via le lien suivant :
http://blog.editionsleduc.com/fengshuimalin.html

C'EST MALIN
GRAND FORMAT

Bruno Lecourt

LE FENG SHUI PAS À PAS

LEDUC.S
PRATIQUE

Design de couverture : Antartik
Illustration de couverture : Valérie Lancaster

Relecture/Correction : Marjolaine Revel/Audrey Peuportier
Maquette : Émilie Guillemin

29, boulevard Raspail
75007 Paris – France
ISBN : 979-10-285-1450-1
ISSN : 2425-4355

SOMMAIRE

Préface 7

Introduction 11

PARTIE 1. LES GRANDS PRINCIPES ET LES CLÉS DU FENG SHUI 15

PARTIE 2. COMMENT DÉCRYPTER L'ENVIRONNEMENT DE VOTRE HABITATION ? 75

PARTIE 3. LE FENG SHUI À L'INTÉRIEUR DE LA MAISON 109

PARTIE 4. LES 4 PIÈCES IMPORTANTES DE LA MAISON 175

Conclusion 231

Remerciements 233

Annexes 235

Index 247

Table des matières 251

« C'est le chant des galets qui enseigne la manière de bâtir un mur... Et quand un galet ne se trouve pas bien dans un mur, le mur ne se trouve pas bien debout. »

Pierre-Jakez Hélias

À mon père.

Préface

Enfant, j'aimais la maison que nous habitions, et plus que tout l'histoire et les secrets qu'elle contenait : sa cave voûtée aux piliers humides gravés de croix templières me faisait peur tout en me fascinant. De monastère, la maison s'était transformée en relais de chasse au XVIe siècle ; je me plaisais à imaginer qu'Henri IV chassant le cerf avait foulé le même sous-bois que moi. Détruit, le relais s'était ensuite métamorphosé en une grosse bâtisse bourgeoise au faste certain dans les années 1880. Les nazis l'avaient ensuite réquisitionnée pendant la Seconde Guerre mondiale pour en faire une *Feldkommandantur*. Leurs bottes claquaient sur les marches du grand escalier. Dans le salon résonnaient les cliquetis des machines à écrire ; au premier, une chambre équipée d'un lavabo avait été transformée en infirmerie. Dans le parc défiguré circulaient les blindés tandis que les bois étaient marqués à tout jamais par des blockhaus hideux dans lesquels ma sœur et moi nous nous aventurions.

La conception de la maison, la manière dont elle était agencée semblaient avoir été décidées – comme une programmation inconsciente – en fonction de ces événements séparés de plusieurs siècles. La maison me communiquait toutes ces informations comme une amie, elle me parlait de ses joies, de ses peurs aussi.

Mon intérêt pour les lieux de vie, la manière de les concevoir et de les habiter proviennent sans doute de cette rencontre.

Les déménagements successifs qui ont rythmé mon enfance m'ont amené à me questionner sur les autres maisons qui nous ont accueillis. Chacune était dotée d'une personnalité à laquelle nous réagissions différemment, mon père, ma mère, ma sœur et moi.

Vingt-cinq ans plus tard. Alors que je revenais d'un voyage en Asie, à travers le hublot de l'avion, les champs aux formes irrégulières et ondulées me fascinaient. Les lignes semblaient si pures sous la lumière du matin, comme si la nature les avait dessinées elle-même. L'idée qu'un champ pouvait avoir une autre forme que le traditionnel carré ou rectangle ne m'était jamais venue à l'esprit. Cette vision fut comme une révélation ! Je décidai d'en apprendre plus sur les techniques asiatiques d'aménagement de l'espace et découvris le feng shui, cet art taoïste chinois.

De la Cité interdite de Beijing à la baie de Hong Kong et ses buildings feng shuisés, j'allais vérifier les enseignements reçus en France. Mais de nombreuses caractéristiques et vérités du feng shui restaient encore pour moi mystérieuses. Je me heurtais à de nombreux contresens. J'ai eu la chance de suivre une seconde formation chez MARIP, une école de feng shui traditionnel inscrite dans la lignée de Grand Master Yap Cheng Hai, aujourd'hui disparu, grâce à laquelle j'ai pu séparer le bon grain de l'ivraie et enrichir mes connaissances tout en perfectionnant ma pratique.

Mon approche professionnelle en a été éclairée et transformée : elle associe davantage la notion du temps avec celle de l'espace, essaie de coller au plus près avec l'esprit et la méthode ancestraux, tout en restant abordable et compréhensible pour mes clients. Autant que faire se peut, je m'efforce sans cesse de renouveler ma technique en la confrontant à de nouveaux enseignements, sans pour autant la déconnecter de la décoration, qui est l'une de mes autres passions.

Introduction

Le feng shui est fascinant ! Son histoire, son esprit et sa méthode le sont tout autant.

Lorsqu'il est bien utilisé, ses résultats sont stupéfiants, précis et rapides. À la croisée des chemins, à l'instant de faire un choix important, dans les moments de doute ou chaque fois que j'en ai eu besoin dans ma vie, j'y ai puisé une ressource indispensable pour prendre les bonnes décisions, aller de l'avant et rester connecté à ce que je suis.

Le feng shui, l'un des arts traditionnels chinois majeurs, s'intéresse en particulier à notre lieu de vie, à la connexion qu'il entretient avec nous, à la manière dont il interagit avec nous. Partant du postulat que la maison et ses habitants sont en interaction, le feng shui permet de découvrir les caractéristiques de cette relation soumise à des influences énergétiques, pour les utiliser afin qu'elles nous impactent favorablement et transforment notre vie.

Cet art ancestral de la physiologie est lié à la « chance de la terre ».

Pour les Chinois, il existe trois chances dépendantes de la trinité cosmique, vision dans laquelle l'homme est positionné entre le ciel et la terre, subissant ainsi les influences venant d'en haut et celles venant d'en bas. La chance du ciel, c'est le destin qui peut être connu grâce à l'astrologie (le Ba zi, par exemple) ; la chance de l'homme concerne le comportement, l'attitude que nous adoptons et qui peuvent également avoir une influence bénéfique sur notre vie (notre alimentation, notre hygiène de vie mentale et sportive, notre relation à autrui, par exemple).

La chance de la terre ne dépend ni de notre destin ni de notre comportement, mais des influences terrestres manifestées dans l'environnement et dans notre espace de vie. Le feng shui relève de cette chance car il permet de l'optimiser. Une habitation n'a-t-elle pas pour vocation première de protéger efficacement ses habitants ? Le feng shui considère qu'elle doit également les soutenir dans leur vie, leurs projets, leurs choix et leurs aspirations.

Comment potentialiser cette chance ? Comment faire opérer cette magie ?

Ce livre est un voyage initiatique pour le découvrir.

Je vous invite à comprendre comment mettre en pratique les principes fondamentaux du feng shui afin d'obtenir un résultat visible et palpable. Le chi, les 5 éléments, le yin et le yang, le bagua, les étoiles volantes n'auront plus aucun secret pour vous ! Les données théoriques illustrées sont présentées en premier, car il est préférable de bien les maîtriser avant d'aborder la pratique. Mais rien ne vous empêche de lire chaque chapitre indépendamment les uns des autres. Vous pouvez par exemple commencer par le dernier chapitre, qui concerne les quatre pièces les plus importantes en feng shui : vous y trouverez des recommandations feng shui, mais également des solutions d'aménagement décoratif qui peuvent accompagner une dynamique de feng shui. Des renvois aux pages explicatives vous permettront d'éclairer les notions inconnues.

Ce livre est enrichi d'annexes que vous pourrez télécharger. Un conseil : n'hésitez pas à les imprimer ainsi que les tableaux, diagrammes et récapitulatifs pour vous y référer autant que possible.

Je souhaite vous faire partager maintenant mon enthousiasme et mon expérience, que vous regardiez votre espace de vie d'une autre manière. L'homme et son habitat, dit-on, forment une seule et même entité qui vit, respire, communique. Le feng shui place cette relation au cœur de ses préoccupations.

Vous avez un toit avec quatre murs percés d'ouvertures ? La première des conditions pour faire du feng shui est donc remplie.

Êtes-vous prêt à ce que je vous accompagne pour découvrir tous les secrets de votre intérieur ?

C'est parti !

Bon voyage au pays de l'eau et du vent !

1

LES GRANDS PRINCIPES ET LES CLÉS DU FENG SHUI

Faire du feng shui sans en connaître les grands principes, ce serait comme jouer du piano sans en comprendre le fonctionnement, sans connaître la théorie et le solfège. Une fois ces gammes maîtrisées, au prix de nombreuses répétitions et de dépassement, le jeu devient plus facile, le pianiste en herbe peut alors interpréter, se métamorphoser en virtuose et pourquoi pas créer.

Autrefois, devenir maître feng shui ne demandait pas nécessairement d'en comprendre les aspects théoriques, mais simplement de les apprendre par cœur pour qu'ils deviennent évidents. La compréhension venait après.

Afin de faciliter l'assimilation des concepts, je vous propose pour commencer que nous décortiquions ensemble :

- ce qu'est le feng shui et ce qu'il n'est pas ;
- les différentes méthodes et écoles ;
- les principes fondamentaux à travers les notions de chi, de yin et de yang, des trigrammes ou des très célèbres 5 éléments.

Chapitre 1

Ce qu'est le feng shui et ce qu'il n'est pas

Littéralement, les deux caractères chinois *feng* et *shui* signifient « vent » et « eau ». Le vent et l'eau sont les deux éléments naturels qui exercent une action sur le chi, cette énergie fondamentale qui parcourt l'univers et dont les effets bénéfiques sont recherchés pour choisir le site idéal dans l'environnement afin d'y ériger une habitation. Le vent a en effet la faculté de déplacer le chi et de le rendre ainsi inutilisable tandis que l'eau permet de le rassembler. Une fois recueilli, le chi peut être exploité par l'homme. C'est ce que révèle la mystérieuse formule de Guo Pu, un érudit taoïste du IVe siècle de notre ère : « Le chi est dispersé par le vent et se rassemble aux limites de l'eau. »

L'association de ces deux notions fait référence à trois principes essentiels du feng shui :

- Le principe de placement judicieux, de protection et de connexion énergétique : il s'agit de protéger l'habitat du vent, élément perturbateur, et de l'alimenter en eau, énergie vitale, pour le rendre viable. Emplacement et direction, circulation, et apport énergétique : voilà les données fondamentales de cette technique.

- Un art de l'observation qui est double : un premier niveau du feng shui permet d'observer à l'œil nu ce qui est visible facilement dans l'environnement (comme l'eau) ; un second niveau plus complexe permettra, au moyen de calculs, d'en déduire ce qui est invisible (comme le vent). Ces deux types d'observation sont complémentaires en feng shui.
- Le caractère primordial, chamanique et ancestral du feng shui, dont les plus anciennes traces remonteraient au néolithique chinois.

UN ART ANCESTRAL

À l'époque du néolithique chinois, les tombes et les corps des défunts étaient orientés en fonction des points cardinaux, de l'environnement et des flux énergétiques. Il s'agissait de s'attirer ainsi les bonnes grâces des ancêtres. On l'appelle le feng shui yin. (Nous reviendrons sur la notion de yin-yang dans le chapitre 3, p. 46.) La technique a ensuite été adaptée à l'habitat des vivants, aux villes, aux palais et aux maisons. Le feng shui yang était né.

L'ART DE PLACER AU BON ENDROIT

Le feng shui est un **art de l'agencement** (ou du placement) du mobilier et des personnes dans l'espace. Attention, ce n'est pas de la décoration ! En effet, il ne s'agit pas de positionner des meubles dans le seul but d'optimiser un espace (maison, bureau ou autre), mais de tenir compte de la qualité énergétique des orientations et des emplacements qui affecte chaque individu différemment.

C'est la **méthode des Huit demeures (Ba zhai)** qui permet d'**adapter la circulation des énergies dans l'espace en le réorganisant par certaines transformations**, par exemple :

- réaffectation de portes pour les aligner sur les orientations bénéfiques ;
- suppression de cloisons pour diriger le chi ;
- réorientation du lit ou du bureau ;
- positionnement des sources de chaleur et des zones d'évacuation...

Ce premier niveau s'intéresse en particulier à la dimension spatiale du feng shui.

L'ART DE PLACER AU BON MOMENT

La dimension temporelle, quant à elle, est fondamentale pour celui qui veut pratiquer un feng shui authentique. Il s'agit d'être « au bon endroit, au bon moment », selon la formule préférée des praticiens de feng shui. Si le temps est important dans toutes les pratiques taoïstes chinoises, il l'est également en feng shui : **les actions doivent se faire selon un timing précis**. Les dates propices (année, mois, jour, heure) peuvent ainsi être déterminées pour :

- construire une maison, y emménager ou y faire des travaux ;
- accompagner tous types de projets : relationnel, financier, immobilier ou professionnel ;
- favoriser un rétablissement du corps ou apaiser la pression mentale...

C'est la **méthode des Étoiles volantes** qui permet de **bénéficier des énergies temporelles au moment opportun**. Par exemple, en positionnant et en orientant le bureau vers une direction précise durant un temps déterminé qui peut être un jour, un (ou plusieurs) mois ou une année, il sera possible de capter une qualité de chi adaptée à l'activité pratiquée, que ce soit pour favoriser la concentration et/ou la créativité, faire les bons choix, augmenter sa puissance de travail ou développer son portefeuille de clients...

ATTENDRE LE BON MOMENT

Le temps est important en feng shui, tout autant que l'espace : tous deux fonctionnent de concert. Les études de feng shui que je propose à mes clients sont accompagnées d'un thème astrologique (appelée Ba zi) qui permet de vérifier si leur projet est en adéquation avec les exigences du temps et ainsi multiplier les chances de le réaliser.

Alessandro, qui travaillait dans une entreprise pharmaceutique, souhaitait que je l'aide à devenir cadre. Malgré toute la volonté qu'il y mettait depuis plusieurs années (comportement adapté, obtention d'un diplôme d'encadrement, reconnaissance de sa posture auprès de sa direction et mise en avant de ses actions au sein de l'entreprise ainsi que vis-à-vis des prestataires), malgré ses demandes répétées lors d'entretiens annuels, cela ne suffisait pas. Alessandro semblait mériter cette évolution, mais rien ne se passait pour autant. C'était comme si, me disait-il, toutes ces actions ne trouvaient aucun aboutissement ou écho, comme s'il était face à une porte définitivement fermée.

Lorsqu'il m'a contacté, Alessandro m'a expliqué être passé par tous les stades, et ce, plusieurs fois de suite, oscillant entre espérance et découragement pour finalement lâcher prise, ne plus rien attendre de son employeur.

C'était en effet la meilleure des attitudes à tenir pour le moment. Je lui ai expliqué que rien ne sert de passer en force lorsque les conditions temporelles ne sont pas réunies. En effet, en consultant

son Ba zi, nous avons constaté ensemble que la période de vie qu'il traversait n'était pas favorable à cette promotion : il fallait encore attendre deux mois pour saisir une opportunité afin que toutes les conditions soient réunies.
Une fois le bon timing déterminé, il restait à mettre en place les préconisations feng shui pour activer la « chance de la terre ». Au moment que je lui ai indiqué, Alessandro a donc positionné son bureau dans l'emplacement adéquat et vers l'orientation idéale afin d'être en face de l'énergie (le chi) la plus favorable.
Dans le mois qui a suivi le réaménagement de son bureau, le résultat ne s'est pas fait attendre : à la suite de la création d'une filiale, le poste d'encadrant s'est libéré au sein de son service, lui offrant ainsi une opportunité. Alessandro est allé reformuler sa demande auprès de sa direction, qui l'a finalement acceptée.

Une vision du temps cyclique

La Chine et l'Occident ont deux représentations du temps diamétralement opposées. C'est pourquoi l'idée chinoise selon laquelle le temps véhicule une énergie et peut être utilisé de manière concrète est difficile à appréhender pour nous, Occidentaux :

- **En Occident, le temps est une notion abstraite et linéaire.** Nous le représentons d'ailleurs comme une ligne, qu'on lit de la gauche vers la droite : c'est la frise horizontale que nous avons tous apprise à l'école, repérant les événements historiques par rapport à l'an 0, la naissance du Christ.
- **Inversement, pour les Chinois, le temps n'a pas d'origine, mais une récurrence : il est découpé en 60 années qui reviennent régulièrement comme une boucle.** Une fois que la soixantième année est écoulée, le cycle recommence. Chacune de ces années porte une qualité, une énergie qui lui

est propre. Dans cette optique, cela signifie que deux années séparées de soixante ans (1958 et 2018, par exemple) ont une énergie identique : il serait alors possible d'établir des similitudes entre leurs événements respectifs.

Dans cette perspective cyclique, le temps devient « **prévisible** » **et donc utilisable**, ainsi que nous l'explique Marie-Pierre Dillenseger, maître de feng shui depuis presque vingt ans : « Si nous connaissons les caractéristiques du temps, nous pouvons planifier, ajuster notre attitude et mieux envisager les conséquences de nos actes. Il devient alors possible de s'appuyer sur le temps parce qu'il suit un tracé familier et régulier*. »

LES 24 SAISONS DE L'ALMANACH CHINOIS

En Chine, les quatre saisons sont subdivisées en microsaisons appelées « les 24 saisons » qui possèdent chacune un chi particulier. C'est un moyen pour les agriculteurs de faire coïncider leurs activités agricoles avec le calendrier solaire.
La première saison (li chun) commence au début du mois de février (c'est le début du printemps, une période consacrée aux semis) ; la 2e s'appelle « eau de pluie » ; la 9e (li xia) correspond au « début de l'été » ; la 18e correspond au début de l'automne (l'équinoxe) ; la 24e, enfin, se rapporte au solstice d'hiver (da han).

---

* Marie-Pierre Dillenseger, *La Voie du Feng shui*, InterEditions, 2016.

Les aménagements feng shui sont-ils faits pour durer ?

Le feng shui tient compte des influences du temps ; il est donc logique de déplacer et d'orienter certains meubles (les plus utilisés) afin de se connecter au meilleur chi du moment. En général, ces modifications ont lieu une fois dans l'année, mais elles peuvent se faire mensuellement ou à des jours précis selon les problématiques en jeu.

Cela suppose donc d'inclure, dans l'agencement de son habitat, la **possibilité de le moduler**, de prévoir, par exemple, plusieurs orientations possibles pour la tête de lit ou pour son bureau... Pas toujours facile à réaliser !

FENG SHUI ET DÉCORATION, EST-CE LA MÊME CHOSE ?

Le feng shui a très longtemps été assimilé à de la décoration, probablement pour des raisons mercantiles. Lorsqu'il est arrivé, dans les années 1970, aux États-Unis et en Angleterre, il a été récupéré par le mouvement New Age qui a simplifié à l'extrême ses concepts afin de les rendre utilisables et facilement commercialisables pour les Occidentaux. Le feng shui est devenu alors une spécialité de la décoration, sans plus de rapport avec son essence et sa finalité premières.

Ce qui différencie le feng shui de la décoration ? C'est l'utilisation de la temporalité : **l'organisation de l'espace se fait conjointement avec les énergies du temps**.

Il est vain, en effet, de penser qu'on peut transformer nos vies juste en déplaçant un meuble, en changeant la moquette de sa chambre, en repeignant sa cuisine en rouge ou en rangeant l'intérieur de ses placards... Ce serait trop simple – même si, parfois, l'expert feng shui préconise une seule et unique action de rééquilibrage pour que son client atteigne rapidement ses objectifs... mais cette action a lieu *au moment opportun*.

Depuis les années 1990, un certain nombre de praticiens formés auprès de maîtres chinois tels que Grand Master Yap Cheng Hai proposent un feng shui plus authentique, plus proche de sa source taoïste. Si son apprentissage est plus complexe, ses méthodes sont rigoureuses et très efficaces.

L'EXPERT FENG SHUI ET L'ARCHITECTE

Une collaboration est en revanche possible entre ces deux professionnels autour d'un projet commun de construction. Dans ce cas, l'expert feng shui intervient en amont du projet et réalise pour le client et l'architecte un cahier des charges regroupant toutes les caractéristiques énergétiques de la future habitation : son emplacement et son orientation, sa forme, la circulation extérieure et intérieure, etc.

Selon mes clients, les habitations vendues sur plan et présentées comme « contemporaines » et « zen » ne sont pas forcément feng shui, car elles répondent à un cahier des charges qui prend essentiellement en compte les exigences normatives et la spéculation. Le feng shui aurait beaucoup à apporter pour améliorer l'habitat contemporain et en faire un espace ressourçant.

DES LIENS ENTRE FENG SHUI ET GÉOBIOLOGIE

La géobiologie (contraction de *géo*, « la terre », *bios*, « la vie », et *logos*, « étude ») étudie l'influence de l'environnement sur les êtres vivants. Elle s'intéresse en particulier aux **pollutions souterraines qui remontent à la surface du sol** (les failles et réseaux telluriques, les cours d'eau) **ou celles de notre environnement technologique** (appareils électromagnétiques, pylônes électriques, ondes radio, etc.). De nombreux outils scientifiques permettent de mesurer ces émissions présentes dans nos espaces de vie ou de travail. **Certaines sont susceptibles d'affecter notre santé**, notamment en perturbant la qualité de notre sommeil.

Si le feng shui et la géobiologie sont deux pratiques qui n'utilisent pas les mêmes techniques, il est cependant probable que les maîtres chinois étaient capables autrefois d'établir des relevés des perturbations géomagnétiques tout comme nos anciens le faisaient pour construire leurs lieux sacrés et leurs maisons. De nos jours, certains vignerons charentais et bordelais demandent conseil aux géobiologues pour planter leurs ceps de vigne au bon endroit afin d'optimiser leur développement et de rentabiliser ainsi leur production vinicole.

De mon côté, **les conclusions de l'analyse feng shui trouvent souvent un écho dans celles que fournit le relevé géobiologique, surtout lorsque des problèmes de santé ou de sommeil sont en jeu**. Je constate invariablement la présence de perturbations magnétiques ou de cours d'eau à l'aplomb des lits ou des sièges de bureau. Les pathologies sont nombreuses, surtout chez les personnes qui subissent un stress important : impression d'être vidé de son énergie, apathie, fatigue, maux de tête, vertiges, jambes lourdes, problèmes rénaux, problèmes osseux, etc., ainsi que le relatent deux grands spécialistes de la question : le médecin militaire Guy Laplane dans son livre *Médecine et habitat : ces ondes nocives qui menacent votre santé** et Alain de Luzan, ingénieur systèmes, dans *Votre santé en lieu sûr : des solutions pratiques grâce à la géobiologie***.

LE FENG SHUI, UNE FORME D'ACUPUNCTURE

L'acupuncture est une pratique de santé préventive ou curative destinée à rétablir l'équilibre subtil dans le corps entre les composants de nature yin et ceux de nature yang. L'énergie, le chi, circule librement le long de 12 conduits appelés méridiens à partir desquels elle se répand dans le reste du corps. En cas de maladie, le diagnostic du praticien permet de localiser le blocage énergétique et de le traiter avec des aiguilles : 1 000 points peuvent ainsi être stimulés pour fluidifier le flux !

L'acupuncture partage avec le feng shui les mêmes concepts d'origine taoïste : le yin-yang, le chi, les 5 éléments, les cycles temporels… C'est pour cela qu'**on qualifie souvent le feng shui d'« archipuncture », une méthode qui permet de favoriser une meilleure circulation du chi dans l'habitat**.

À NOTER

D'ailleurs, le point où est plantée l'aiguille porte le même nom que l'endroit où se situe le site idéal recherché par le feng shui : c'est le *xué* (la tanière du dragon).

---

* Maison de vie éditeur, 2007.

** Le Courrier du livre, 2006.

Le feng shui est-il une solution contre la maladie ?

Il existe un courant du feng shui qui s'intéresse à la santé et à l'équilibre physique, psychique et émotionnel, surtout présent en Chine où le maître feng shui délivre ses ordonnances médicales. Soyons clairs : **des recommandations feng shui quelles qu'elles soient ne remplaceront jamais un avis médical ou psychologique**. Cependant, elles peuvent soutenir le protocole médical en créant dans l'habitation des conditions pour un meilleur rétablissement.

LE VASTU SHASTRA, L'ANCÊTRE DU FENG SHUI ?

Il s'agit de textes sacrés indiens qui définissent les règles destinées à la construction des habitations.

À en croire certains, le Vastu shastra, la science de l'habitat, serait à l'origine du feng shui : tous deux ont en effet un intérêt pour le bien-être humain et le respect de la nature ; leur système est construit autour de l'énergie cosmique (le chi en feng shui, le prana en Vastu) ; ils tiennent compte chacun des conditions environnementales pour l'emplacement de l'habitation... **Ils semblent donc avoir de nombreux points communs, mais le rapprochement s'arrête là car les référentiels sont complètement différents** comme le montre le tableau suivant.

	Vastu shastra	Feng shui
Les orientations	Directions les plus importantes à favoriser : l'est et le nord.	Aucune direction n'est plus favorable qu'une autre – tout dépend du contexte.
La disposition des pièces	Certaines fonctions de la maison doivent être situées dans des emplacements cardinaux spécifiques : l'entrée doit être idéalement située à l'est de la maison, les toilettes au nord-ouest ou au sud-est.	Les pièces les plus actives (entrée, salon, bureau...) doivent être situées dans le secteur actif de la maison, là où les énergies sont les plus fortes. Autre critère : les pièces importantes en feng shui (entrée, chambre, bureau) doivent être également situées dans les secteurs favorables des habitants.
Les 5 éléments	Le feu, l'eau, la terre, l'air et l'espace.	Le feu, l'eau, la terre, le bois et le métal.
Les figures symboliques	Le mandala que l'on retrouve dans la construction de la maison a une dimension symbolique et magique en relation avec les 9 divinités hindoues présentes dans les huit directions cardinales ainsi que le centre.	Le bagua, la figure octogonale ou carrée à 9 cases (8 directions cardinales ou semi-cardinales ainsi que le centre), est agencé avec 8 trigrammes dotés de caractéristiques liées au principe du Tao (voir p. 50).

LE HYGGE, UN FENG SHUI SAUCE DANOISE ?

Cet art de vivre propre à la culture danoise est devenu une véritable mode en Europe. Le principe : aménager chez soi un petit nid douillet confortable et chaleureux, à l'abri de l'extérieur, et où l'on se sent en sécurité. C'est tout un état d'esprit et une ambiance ! L'éclairage et la bougie, notamment, jouent un rôle central, ainsi que le fait d'être ensemble, en famille ou avec des amis, et de partager l'instant présent. C'est également une manière de vivre, de s'habiller confortablement et décontracté, de manger, d'être au plus près de la nature.

Le hygge n'a donc rien à voir avec le feng shui. D'ailleurs, comment reconnaît-on un intérieur feng shui ? Parce qu'il est chaleureux et douillet ? zen ? bien rangé ? Parce que les couleurs sont harmonisées entre elles, les matériaux équilibrés ? Réponse : non ! **Le feng shui intervient sur un plan subtil qui est celui du chi, l'énergie cosmique. Il place les hommes en fonction de ce chi.** D'ailleurs, en visitant un intérieur transformé par le feng shui, rien ne pourrait laisser transparaître qu'il l'a été.

De nombreux hôtels ou lieux publics se revendiquant « fengshuisés » confondent le plus souvent design, décoration épurée et végétalisée avec le feng shui. Effet de mode et de marketing...

LE FENG SHUI ET L'ÉCOLOGIE

La notion d'écologie est implicite au feng shui pour trois raisons essentielles :

- L'environnement et l'habitat sont en interaction, et nous sommes nous-mêmes en interaction avec eux.

- Il est préférable que l'environnement soit sain afin que le chi qui nourrit la maison le soit aussi.
- Le respect de la nature est fondamental. Il fait écho aux principes du taoïsme qui nous conseille de toujours rester en accord avec la pulsation de l'univers, ne pas prendre le tapis roulant dans le sens contraire sous peine de rompre l'harmonie naturelle.

Élaborer des maisons écologiques en tenant compte des énergies renouvelables, des techniques et des matériaux de construction naturels et locaux nous permet ainsi de **rester reliés aux énergies naturelles** et permet au « corps » de la maison de **respirer en favorisant les échanges entre l'intérieur et l'extérieur**.

Chapitre 2

Les différentes méthodes du feng shui

Il existe autant de méthodes que de maîtres, mais elles sont toutes dérivées des trois principales (qui peuvent être utilisées séparément ou ensemble selon le type d'informations que l'on recherche) :

- la méthode des Huit demeures (Ba zhai) ;
- la méthode des Trois harmonies (San he) ;
- la méthode des Étoiles volantes (Xuan kong).

Faisons un point sur les différentes méthodes existantes, leurs principes, leurs outils ainsi que leur mise en application.

À NOTER

J'ai volontairement ajouté la méthode occidentale du Bagua, qui reste encore de nos jours l'école la plus popularisée, afin que vous puissiez la comparer aux écoles authentiques.

LA MÉTHODE DU BAGUA

La **méthode du Bagua** (appelée aussi « méthode occidentale » ou « méthode des Huit aspirations de vie ») utilise **les symboles et le pouvoir de l'intention**, typiques des pratiques de développement personnel américaines. (Il convient, donc, de ne pas la confondre avec la méthode des Huit demeures – voir p. 34.)

Elle s'est facilement répandue grâce au courant New Age dans les années 1970-1980 en même temps que le Vastu shastra (voir p. 27), la science de la construction indienne dont elle a probablement subi l'influence. Par la suite, elle a été très rapidement assimilée à de la décoration.

Outils et principes	La méthode
– Le chi. – Les 5 éléments et les 3 cycles (production, affaiblissement, contrôle). – Le yin et le yang. – Le bagua (octogone à placer sur le plan de la maison) représentant les aspirations de la vie. – Les 4 animaux symboliques. – L'intention posée sur les actes. – Il est possible de travailler avec ou sans la boussole pour définir l'orientation du bâtiment. – L'utilisation du lopan (la boussole complexe mais essentielle de l'expert feng shui) est impossible, car elle nécessite des connaissances plus approfondies.	– Le plan de la maison est divisé en 8 secteurs (plus le centre) qui comportent chacun une aspiration (Renommée et reconnaissance sociale au sud, Carrière au nord, Finances au sud-est, Projets et enfants à l'ouest, etc.). – L'activation se fait en positionnant un objet, un meuble, une couleur ou un gri-gri dans le secteur concerné. Par exemple, pour devenir riche, il suffit de mettre des symboliques de richesse et d'abondance dans la zone sud-est de l'habitation ; pour avoir de la reconnaissance sociale, il faut mettre des objets rouges ou l'élément feu dans le secteur sud.

	– Parfois, l'emplacement de la porte principale détermine un Nord arbitraire. Les autres points cardinaux s'organisent à partir de la porte. – L'étude environnementale succincte est réduite à la présence des 4 animaux symboliques et à la forme des bâtiments situés à gauche (Dragon), à droite (Tigre), à l'arrière (Tortue) et au-devant de la maison (Phénix). – Les chi destructeurs et nocifs sont également repérés.

Avantages et limites de la méthode

Ses avantages :

✔ L'intention, qui y joue un rôle essentiel, remplace les calculs et les formules ancestrales.

✔ Elle permet l'apprentissage des bases sans les mettre en pratique réellement, conformément aux sources traditionnelles.

Ses limites :

✘ Cette méthode n'existe pas dans la tradition chinoise du feng shui.

✘ Elle est très simplifiée, facile à utiliser et truffée de raccourcis qui la rendent incohérente.

✘ Il y a un risque d'erreur dans l'interprétation des données.

✘ Son efficacité n'a pas encore été démontrée.

✘ Le consultant ne maîtrise pas tous les paramètres, notamment l'influence du temps.

✘ Les « remèdes » et préconisations sont censés agir de manière permanente, ce qui va à l'encontre du principe fondamental taoïste selon lequel tout est en mouvement.

Cette méthode révèle pleinement ses limites lorsqu'on découvre les techniques authentiques du feng shui.

À NOTER

Cette méthode est parfois associée à d'autres techniques, comme la géobiologie, la décoration, le *space clearing* (purification de l'espace), l'étude des formes sacrées. L'aspect magique est également pris en compte (utilisation du miroir bagua, miroir convexe).

LA MÉTHODE DES HUIT DEMEURES

La **méthode du Ba zhai** (Huit demeures ou Huit palais) remonterait au XVIIe siècle de notre ère. Elle s'occupe en priorité de **définir les meilleurs emplacements et orientations dans l'habitat**. Il existe deux niveaux : débutant et avancé (nous en parlerons en détail plus loin).

Outils et principes	La méthode
– La boussole. – Le chiffre gua calculé à partir de l'année de naissance (avec ou sans logiciels de calcul). – Il est possible de l'associer aux Étoiles volantes pour le facteur temporel.	– Le plan de la maison est divisé en 8 secteurs. Après repérage de l'orientation avec la boussole, les 8 points cardinaux ainsi que les flux du chi (énergie) qui interagissent avec les habitants sont positionnés dans chacun de ces secteurs. – Cette méthode permet de déterminer les emplacements et les orientations favorables de la maison, des ouvertures, des zones de circulation, des pièces principales et du mobilier (lit, bureau, évacuation, cheminée, etc.). Par exemple, une personne qui aura un gua 9 aura ses meilleurs emplacements au sud, sud-est, nord et est (voir p. 131).

Avantages et limites de la méthode

Ses avantages :

✔ Elle tient compte de l'orientation exacte du bâtiment et des habitants. Elle s'occupe de l'intérieur de l'habitation et ne concerne que l'espace.

Ses limites :

✘ Elle est souvent décrite dans les ouvrages de manière incomplète (le Ba zhai débutant) : la méthode basique ne fait mention que de 8 possibilités pour s'orienter (4 favorables + 4 défavorables) alors qu'il en existe 24. Cela explique que, parfois, les résultats ne soient pas au rendez-vous.

Dans la **méthode complète (le Ba zhai avancé)**, on découvre qu'il existe en réalité 24 possibilités différentes pour s'orienter (chaque direction de 45° est divisée en 3 sous-secteurs de 15 ° chacun). Par exemple, il est convenu de dire que les 45° de l'orientation Ouest sont favorables pour les personnes de gua 2, 6, 7 ou 8. En réalité, la seule direction valable sera Ouest 2 (Ouest 1 et Ouest 3 étant des directions néfastes).

L'ÉCOLE DES 3 HARMONIES

L'**école des 3 harmonies (San he)** ou « école des 3 portes » (communément appelée « école de la forme » ou « école du relief ») **concerne l'environnement extérieur et son impact sur la maison** (géographie, eau, routes...) ainsi que la forme physique des objets.

Outils et principes	La méthode
- Boussole ou lopan. - Les troncs, les branches et les 9 étoiles (pour une mise en application plus aisée du feng shui, ils ne seront pas abordés dans cet ouvrage).	- Elle est utilisée à la fois pour définir l'emplacement des tombes et des habitations. - La boussole joue un rôle important car il s'agit de connaître les directions des routes, des voies d'eau, etc., pour en découvrir les impacts sur l'habitation.

Avantages de la méthode

C'est une méthode à la fois concrète, nécessitant le sens de l'observation, et abstraite car elle repose sur de nombreuses formules à connaître pour l'analyse de ce que l'on ne voit pas. Elle présente également une analyse précise des matériaux, des formes et des couleurs.

L'ÉCOLE DES ÉTOILES VOLANTES

L'école des Étoiles volantes (Xuan kong), *Flying stars* en anglais, dont l'origine remonterait probablement à la période de la dynastie chinoise des Jin occidentaux et orientaux (265-420 après J.-C.), présente une méthode qui permet de cartographier l'organisation des énergies en un lieu et un temps donnés. Le principe étant de tirer profit des énergies bénéfiques provenant du lieu et des orientations que nous choisissons au sein de ce lieu en fonction des énergies temporelles fluctuantes (jour, mois, année). Elle illustre parfaitement l'idée chinoise qu'une action feng shui efficace est mûrement réfléchie, faite au bon endroit et au bon moment.

Outils et principes	Étapes de la méthode
– La boussole ou le lopan. – Google Earth ou Google Maps. – Cette méthode peut être associée au thème astrologique (ou Ba zi) qui permet de comprendre si la période est propice à la réalisation des projets.	– Concerne les aspects karmiques du lieu. – Chaque habitation possède une carte énergétique élaborée à partir de la date de construction et l'orientation de la façade, calculée au degré près avec une boussole ou un lopan. – Cette carte est composée d'un groupe de 3 chiffres (les Étoiles volantes de l'eau, de la montagne et de la base) placés dans chaque secteur de la maison. Chaque étoile décrit une énergie particulière, bénéfique ou néfaste selon les cas, en relation avec : – les aspects professionnel et financier ; – la santé et le relationnel. – Ces étoiles sont sensibles à la configuration environnementale (ce qui se trouve autour de la maison), aux matériaux, aux formes et aux couleurs du mobilier et des objets. – Elles viennent se combiner avec les étoiles temporelles (annuelles, mensuelles et journalières).

Avantages et limites de la méthode

Ses avantages :

✔ Cette méthode s'occupe de l'intérieur de l'habitation autant que de l'extérieur. Elle fait appel à de nombreux calculs.

✔ C'est une méthode basée sur le temps qui révèle ce que l'on ne voit pas.

Ses limites :

✘ La dimension temporelle de l'expertise est parfois impossible à délivrer car la date de construction de certains bâtiments anciens est inconnue. Certains praticiens se servent en ce cas d'autres dates pour obtenir des informations : date de signature du contrat d'achat, d'emménagement, etc.

- ✘ L'analyse des étoiles délivre beaucoup d'informations et peut donner du fil à retordre.
- ✘ Pour une interprétation optimale, cette méthode suppose une bonne connaissance :
  - des 5 éléments (le feu, la terre, le métal, l'eau et le bois) ;
  - des 8 guas (1, 2, 3, 4, 6, 7, 8, 9) ;
  - des 9 étoiles (de 1 à 9).
- ✘ Les choses se compliquent lorsqu'il s'agit de croiser les résultats obtenus avec ceux du Ba zhai et de l'école de la forme (San he), qui viennent parfois se contredire.
- ✘ Avec un peu d'expérience, vous arriverez à vous perfectionner et à distinguer les bons résultats afin de répondre au mieux aux demandes de la personne consultée.

MOTUS ET BOUCHE COUSUE AUTOUR DU FENG SHUI

Autrefois, la transmission du savoir se faisait oralement ou par les livres. Les Chinois excellaient dans l'utilisation d'images mystérieuses difficiles à décoder, un moyen de préserver les formules qui devaient rester secrètes.
Traduire les textes anciens de feng shui – ou ce qu'il en reste, car la plupart ont été détruits par le régime maoïste – demande donc une bonne connaissance du chinois, bien sûr, mais requiert également le don de décrypter les énigmes… et la capacité d'actualiser les principes et les règles ancestrales en fonction du contexte contemporain et sociétal. Par exemple, la place de la femme dans la société a évolué, ce qui explique que le feng shui d'autrefois puisse apparaître souvent misogyne. De même, comme nos sociétés se sont urbanisées, certaines formules applicables dans l'environnement naturel ne peuvent plus l'être dans l'environnement urbain. Il faut donc les adapter en les interprétant autrement sans trahir leur essence.

Chapitre 3

Les principes fondamentaux

Grâce à l'observation de la nature, les Chinois ont créé différents outils qui permettent de modéliser le fonctionnement des lois universelles : le cycle des 5 éléments, le Bagua, les trigrammes, le yin et le yang... Tous ces principes reposent sur le chi, l'énergie fondamentale à l'origine de toute chose.

LE CHI, SOUFFLE DE VIE

Le concept de chi ou Qi (prononcer « tchi ») à lui seul pourrait faire l'objet d'un ouvrage tant il est protéiforme et riche en significations. Cette énergie fondamentale décrite comme « le souffle qui nourrit la vie » intéresse toutes les pratiques taoïstes chinoises liées au corps et à l'esprit dont le but est de prolonger la vie et d'entretenir la santé. L'ensemble des outils du feng shui repose sur cette **force vitale qui est à l'origine de toute chose, compose l'univers et lui assure une cohérence.**

L'idéogramme « chi » contient la notion de transformation dynamique, de chaleur et de mouvement. Il représente un grain de riz (aspect yin) qui cuit dans un chaudron sur le feu dégageant de la vapeur (aspect yang).

Découvrons ensemble les caractéristiques principales de cette énergie invisible, subtile et dynamique dont le caractère primitif signifiait « nuées ».

Le chi est naturel et omniprésent

Insaisissable et imperceptible comme le souffle, il est partout : une rivière, une simple feuille, un bout de bois, une coccinelle sont traversés par le chi… **Il est la condition indispensable de la vie.**

Le chi est-il perceptible ?

Le chi peut être perçu de deux manières :

- Le premier est palpable, visible : l'observation concrète du relief du sol, de l'environnement, de la nature permet d'en déduire cette force dynamique, la forme qu'elle prend, la manière dont elle circule.
- Le chi plus subtil peut être appréhendé de façon plus abstraite grâce aux calculs employés dans les systèmes des Étoiles volantes ou des Huit demeures, par exemple : chaque orientation est colorée par un chi particulier qui exercera une action différente sur chacun d'entre nous (voir p. 125). Le feng shui propose ainsi des solutions pour nous révéler ce que l'on ne voit pas !

Le chi est multiforme et interactif

Il adopte **diverses formes** dans la nature, car sa circulation est modelée par les reliefs géographiques, les énergies souterraines et celles venant du ciel.

Il est présent en nous dans notre corps (l'acupuncture, parce qu'elle a compris comment il chemine dans le corps, favorise sa circulation) sous forme matérielle (organes, tissus) et plus subtile (pensées, émotions). Il entre lui-même en interaction avec le chi de la maison, qui entre lui aussi en interaction avec le chi environnemental... **Tous les chi communiquent entre eux, s'influencent, se modifient à tous les niveaux, de l'infiniment petit jusqu'à l'infiniment grand.**

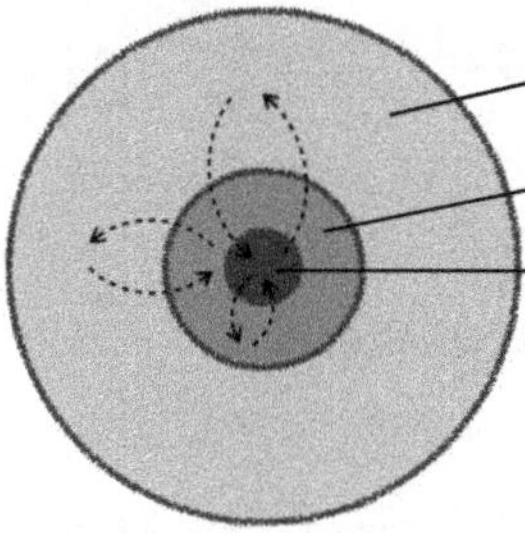

Tous les chi interagissent entre eux et se modifient les uns les autres.

Le flux du chi

> « L'homme naît d'une condensation du chi. C'est le chi qui, en se condensant, produit la vie et le même chi qui, en se dispersant, amène la mort. »
> **ZhuangZi (Tchouang-tseu)**

Le **chi bénéfique**, appelé « sheng chi », est le souffle nourricier, **vecteur de santé, d'harmonie et de bien-être, qui favorise la croissance**. Sur un terrain nourri par ce chi, la vie s'épanouira sans difficulté.

À l'inverse, le chi peut être nuisible lorsqu'il n'a pas de vitalité : sur un sol aride, la flore ne poussera pas et la vie animale sera inexistante.

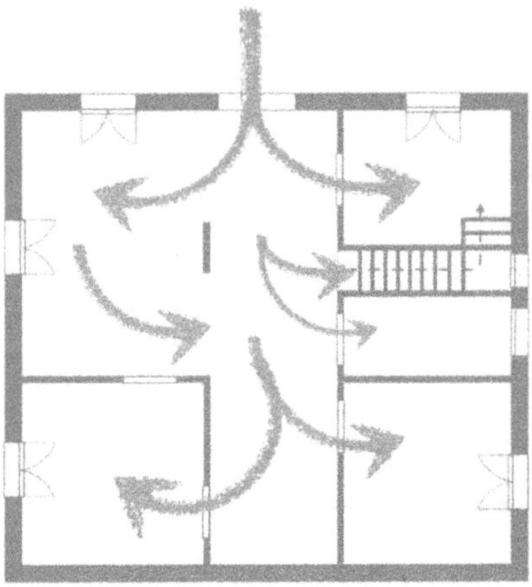

La manière dont le chi circule à l'extérieur de la maison, puis à l'intérieur joue un rôle déterminant sur la qualité de vie des habitants. Son flux pénètre par l'ouverture principale appelée « bouche du chi » et emprunte les couloirs et les escaliers pour se répandre dans la maison. Il est canalisé par les murs et les cloisons. Lorsque sa circulation est fluide, le chi améliore la santé et booste les projets de vie.

Le flux d'un chi harmonieux se présente ainsi :

- **Il est sinueux**, telle une rivière qui ondule et dont les boucles sont qualifiées de « sentimentales » par les Chinois. Le chi circule naturellement en suivant les courbes.

À NOTER

À l'inverse, le chi est négatif lorsqu'il est accéléré dans une ligne droite (un long couloir, deux ouvertures placées en vis-à-vis, une pièce dont la forme est très allongée, une route très longue et droite...). Cela peut vite créer une ambiance stressante et oppressante, car le chi est mal aménagé. Imaginez deux portes ouvertes l'une en face de l'autre qui créent un courant d'air désagréable... Différentes solutions existent pour calmer cette tension, que je développerai plus loin (voir p. 45).

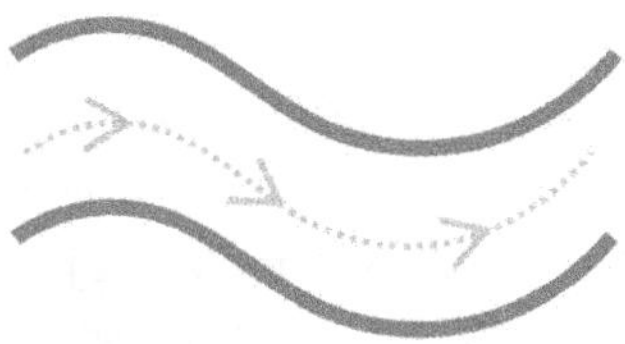

Le flux du chi ondule naturellement.

La ligne droite accélère le chi : elle crée une flèche.

- **Il est fluide et sans contrainte.** Le chi bénéfique ne doit pas être encombré par des obstacles. Un pont de pierre effondré dans un ruisseau créera ainsi une tension, comme le ferait un barrage en retenant l'eau.

- **Il est mobile :**
  - Il circule du haut vers le bas comme l'eau.
  - Il ne doit être ni trop rapide (une route à la forte circulation), ni trop lent (une pièce mal éclairée) et surtout pas stagnant (une mare), car il devient alors malsain. L'eau stagnante doit s'écouler.

UN CHI BÉNÉFIQUE GLOBAL POUR NOTRE HARMONIE

Il faut savoir repérer dans la nature où le chi est positif, bénéfique, afin de l'amener dans la propriété, le capter pour ensuite le redistribuer à l'intérieur de la maison. Favoriser sa circulation dans l'espace bénéficiera à notre harmonie. La fluidité est la condition d'un chi bénéfique.

Parfois, nos espaces de vie ou de travail sont encombrés ou en désordre, ce qui ne favorise pas nos déplacements. Cela peut générer de l'impatience, de l'agacement ou du stress et, selon certains praticiens, peut nuire à notre santé ou générer des blocages dans nos vies. Notons que cette vision est un peu limitée, car elle réduit l'action du chi à l'espace de la maison. En effet, rappelons que le chi environnemental est une énergie puissante agissant sur une échelle qui dépasse nos petites considérations sur le désordre. L'action du chi s'exerce en effet sur un plan global, géographique en fonction du relief. Notre maison baigne dans ce chi « global » qu'elle soit encombrée ou non, propre ou sale. Si le rangement ou le nettoyage ont des vertus libératrices indéniables, ils restent des « mesurettes » dont l'efficacité sur le plan du feng shui n'est attestée par aucun texte de référence.

Comment modifier le parcours du chi chez soi ?

Nous verrons plus loin qu'il est possible de tirer parti des meilleurs emplacements et orientations pour profiter du chi bénéfique dans la maison grâce à la méthode des Huit demeures (voir p. 125).

Gardez toutefois à l'esprit que **le temps exerce une influence sur la qualité du chi en le transformant**.

Cela signifie qu'un chi peut être bénéfique pour la santé d'un habitant sur une période donnée (de janvier à mai) et défavorable les mois suivants. Grâce à la méthode des Étoiles volantes (voir p. 149), il est possible de déterminer les moments où les orientations sont les plus propices.

Certaines actions plus ou moins délimitées dans le temps permettent d'organiser la circulation du chi dans notre espace de vie. Comme le chi emprunte les ouvertures, il sera possible :

- d'utiliser les portes dont l'orientation vous est favorable ;
- d'emprunter la porte d'entrée la plus bénéfique lorsque c'est possible (comme dans le cas étudié p. 163) ;
- de condamner des ouvertures à l'intérieur de la maison et en favoriser d'autres pour permettre de canaliser le flux du chi ;
- de créer des cloisons pour compartimenter l'espace et diriger le chi ;
- de déposer des cloisons pour laisser passer le chi bénéfique ;
- de réagencer le mobilier pour un meilleur placement et une orientation plus appropriée.

CONSEILS DE LECTURE :

- Cyrille J.-D. Javary, *La Souplesse du dragon*, Albin Michel, 2017.

- Gyda Anders, « Theory of Qi as the Basic Context of a Site », *Feng Shui and the Build Environment*, City University of Hong Kong Press, 2009.
- Zhang Yu Huan et Ken Rose, *Pour mieux comprendre le Qi*, Guy Trédaniel éditeur, 2006.

LE YIN ET LE YANG

« Yin, c'est ce qui va devenir yang ;
yang, c'est ce qui va devenir yin. »
Wang Bi (226-249)

Le feng shui découle des principes taoïstes développés par Lao Zi (Lao-Tseu) au VI siècle avant J.-C. dans son ouvrage le *Dao de jing* (ou Tao te king), le *Livre de la voie et de la vertu* qui prône de **suivre la voie de la nature afin de vivre le plus longtemps possible**.

Le tao, l'origine de toute chose

Il est à l'origine de toute chose : c'est le tout indifférencié.

Le tao est infini donc impossible à décrire : il n'a aucune limite, ni temporelle, ni spatiale. C'est « ce qui est avant Ciel-Terre, c'est le Non-avoir, le Rien, le Vide », nous dit François Cheng, éminent spécialiste de la culture chinoise. On peut toujours tenter de le définir ou de le nommer, mais notre vision, relative, binaire et manichéenne, nous éloignerait du même coup de son essence absolue ; elle le rendrait « différent » et comparable.

Du wuji aux 10 000 êtres

Le tao est représenté par un **cercle**, le wuji, une forme qui n'a ni début ni fin. Tel un souffle, le tao alterne deux mouvements illustrés par la figure du taiji (voir l'illustration ci-après) :

- un mouvement d'inspiration et de contraction (associé au yin) ;
- un mouvement d'expiration et d'expansion (associé au yang).

Les 10 000 êtres qui composent notre réalité proviennent du Taiji. Selon les principes taoïstes, ce qui a une forme naît de l'indifférencié qui n'a pas de forme.

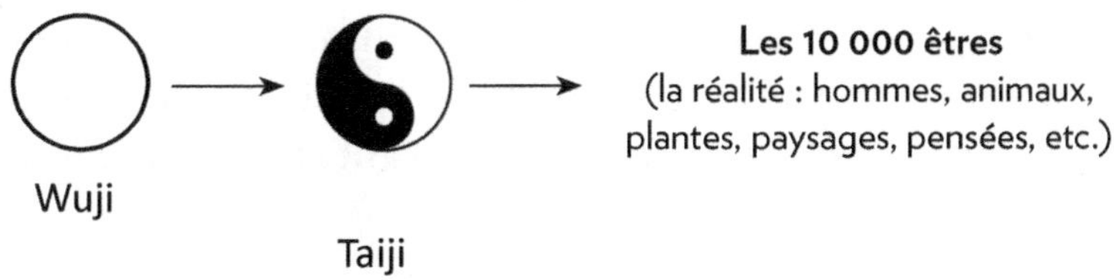

> **COMMENT PANGU CRÉA LE MONDE**
>
> Une légende chinoise assez récente raconte que le monde serait né d'une étoile en forme d'œuf qui naviguait dans un espace interstellaire sans nom et sans bruit. Cet œuf abritait un géant du nom de Pangu. Il s'ennuyait tellement qu'un beau jour, il prit sa hache et finit par briser la coquille.
>
> Les éléments les plus légers (le blanc de l'œuf) formèrent le chi qui monta alors vers le haut pour créer le ciel tandis que les éléments les plus lourds et les plus visqueux (le jaune de l'œuf) descendirent pour créer la terre. Cela prit, dit-on, 18 000 ans. Lorsque Pangu mourut, son corps donna naissance à l'univers : son souffle devint le vent, sa voix le tonnerre, son œil gauche le soleil, son œil droit la lune, ses cheveux les astres, les poils de son corps se changèrent en végétation, sa sueur en pluie et la vermine sur son corps créa les hommes…

Le yin-yang

Le concept du yin-yang illustre que **tout dans l'univers est en transformation permanente**, à l'image des saisons qui se succèdent chaque année. C'est un principe d'alternance (jour-nuit, soleil-pluie...) :

En été, la vie est tournée vers l'extérieur ; la lumière, la température, la nature sont à leur paroxysme. C'est la saison la plus yang où tout est en expansion. Puis vient l'automne où l'énergie décroît pour s'installer dans l'hiver, la saison la plus yin : l'énergie est alors au plus bas, tournée vers l'intérieur, repliée dans les racines des végétaux. C'est la phase de concentration. Et de nouveau, le cycle recommence : la saison la plus yin laisse la place, petit à petit, à la phase la plus yang, en passant par le printemps.

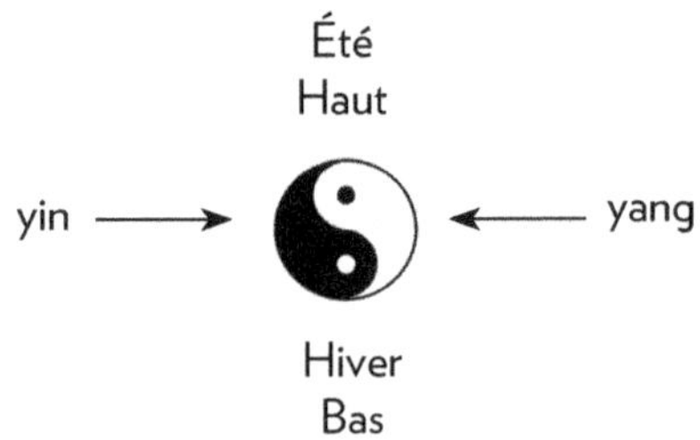

Le Taiji à lui seul illustre parfaitement le principe du yin-yang qui gouverne notre univers : la virgule blanche yang et la virgule noire yin forment un tout indissociable et chacune contient un peu du germe de l'autre.

Le yin-yang sont les deux aspects d'une même chose. Il n'y a ainsi aucune hiérarchie entre eux. Plutôt qu'opposés et complémentaires, **ils sont interdépendants, ils s'attirent et se repoussent sans cesse**, reflétant les changements d'état perpétuels selon trois modes : expansion, stabilisation et repli.

Caractéristiques	
Est yin ce qui devient :	**Est yang ce qui devient :**
Réceptif	Actif
Immobile	Mobile
Centripète	Centrifuge
Pesant	Léger
Dense	Fluide
Introverti	Expansif
Intérieur	Extérieur
Lent	Rapide
Va vers le bas	Va vers le haut
Pair	Impair
Terrestre	Aérien
Sombre	Lumineux
Froid	Chaud

La relativité du yin et du yang	
Yin	**Yang**
Terre	Ciel
Lune	Soleil
Nuit	Jour
Féminin	Masculin
Eau	Feu
Lac	Océan
Glace	Vapeur
Montagne	Eau
Rue	Autoroute
Quartier résidentiel	Quartier d'affaires
Tombe	Maison
Chambre	Cuisine, bureau
Fleur morte	Fleur vivante

À l'origine, yin signifiait « ombragé » et yang « ensoleillé », marquant ainsi la différence entre l'ombre et la lumière. À la présentation en tableau qui réduit le yin-yang à deux états fixes, il faut ajouter l'idée de mouvement continuel pour bien comprendre le principe : le yin se transforme en yang et inversement.

Ainsi, l'eau est yang car elle est mobile et fluide comparée à la montagne qui représente une forme immobile et plus dense. Le feu, chaud et rayonnant, dont la flamme s'élève vers le haut, est yang tandis que l'eau, de nature humide, froide et se répandant vers le bas, est considérée comme yin.

À NOTER

Ce classement est donc en fait relatif. Par exemple, un quartier d'affaires peut être yang comparé à un quartier résidentiel parce que l'activité y est plus soutenue. Mais un quartier résidentiel bordé de routes très fréquentées telles qu'un périphérique pourrait être considéré comme plus yang. D'où l'importance, en feng shui, du point de référence et d'une bonne observation pour ne pas faire de déductions hâtives qui fausseraient un diagnostic.

Conseil de lecture : Cyrille J.-D. Javary, *Yin Yang : la dynamique du monde*, Albin Michel, 2018.

LE BAGUA

Le bagua est la figure maîtresse du feng shui. Il est composé de **8 trigrammes** (*ba* signifie « huit » en chinois ; vous le trouverez parfois écrit « Pa kua »). Chaque trigramme correspond à un type de chi émanant d'une direction cardinale ou semi-cardinale.

À NOTER

Pour rappel :

- Les points cardinaux : le sud, l'ouest, le nord et l'est.
- Les points semi-cardinaux : le sud-ouest, le nord-ouest, le nord-est et le sud-est.

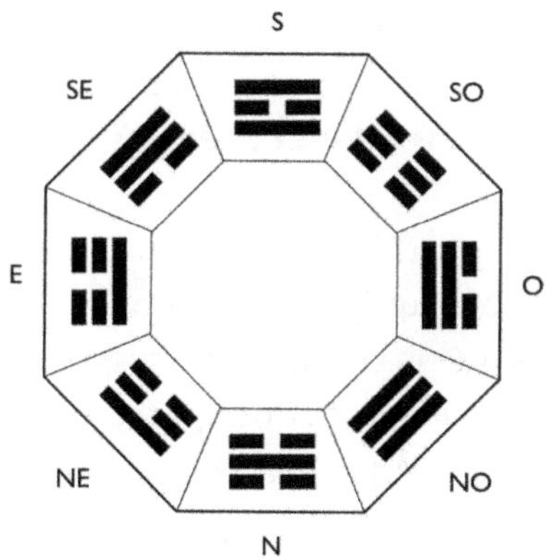

Dans ce bagua, les trigrammes sont agencés pour représenter le monde dans lequel nous vivons avec ses cycles changeants. On l'appelle « bagua du ciel postérieur » par opposition à un autre bagua dit « du ciel antérieur » (que nous n'aborderons pas ici)*.

À NOTER

Cet outil a été détourné par le feng shui occidental qui a associé à chaque trigramme une « aspiration » (au sud : la renommée ; au sud-ouest : le couple ; à l'ouest : les projets, les enfants ; au nord-ouest : l'aide extérieure, les mentors ; au nord : la carrière ; au nord-est : la connaissance, le savoir ; à l'est : la santé ; au sud-est : la richesse). Nous n'utiliserons pas cette méthode dans ce livre, qui n'est validée par aucune source chinoise authentique.

Les trigrammes

Le mot trigramme se compose de « tri », signifiant « 3 », et « gramme », signifiant « caractère gravé ». Si vous connaissez

* Le bagua dit « du ciel antérieur » représente l'équilibre et l'harmonie parfaits, et correspond au monde idéal, au monde invisible, là où le mouvement n'existe pas, où tout est immobile.

le Yi jing*, vous êtes déjà familiarisé avec ces figures composées de 3 traits superposés, qu'on appelle les yaos : **un trait continu est yang** (—) ; **deux traits séparés par du vide sont yin** (- -).

En fait, il faut lire ces traits comme s'ils étaient en mouvement : le trait yang s'étire jusqu'à son maximum dans un mouvement centrifuge tandis que les deux traits yin se rapprochent l'un de l'autre dans un mouvement centripète, un peu comme le ferait une porte coulissante. (À propos de la notion yin-yang, voir p. 46.)

Il existe seulement 8 possibilités différentes d'associer les traits pleins et les traits coupés, comme dans le tableau ci-dessous, ce qui fait un total de **8 combinaisons de trigrammes possibles****.

⚊				⚋			
⚌		⚍		⚎		⚏	
☰	☱	☲	☳	☴	☵	☶	☷
QIAN	DUI	LI	ZHEN	XUN	KAN	GEN	KUN
Père	Benjamine	Cadette	Aîné	Aînée	Cadet	Benjamin	Mère

Du tao naissent les 8 trigrammes.

---

* Les tirages de Yi jing (*Le Livre des mutations*) servent à interroger les oracles sur une question précise suivant l'interprétation d'un hexagramme (figure composée de 2 trigrammes).

** Dans le Yi jing, les trigrammes sont superposés deux par deux pour former 64 hexagrammes.

Ces 8 combinaisons décrivent **l'ensemble de notre monde changeant composé à la fois de yin et de yang.** Ce sont 8 forces différentes.

Sur le principe de la trinité cosmique où le ciel, l'homme et la terre forment les trois Génies de l'univers (voir p. 12) :

- le trait inférieur correspond au niveau de la terre ;
- le trait médian correspond à l'homme ;
- le trait supérieur correspond au ciel.

Chaque trigramme a **son opposé** :

QIAN	☰	KUN	☷
LI	☲	KAN	☵
ZHEN	☳	XUN	☴
DUI	☱	GEN	☶

Tous les phénomènes peuvent être représentés par les trigrammes : un nombre, un membre masculin ou féminin de la famille, une qualité, un âge, un organe ou une partie du corps, une couleur, un trait marquant de la personnalité, un domaine d'activité, une forme de paysage... la liste est illimitée !

À NOTER

Ces informations sont utiles en feng shui, mais également pour la pratique d'autres arts chinois tels que le Ba zi (l'astrologie), le Yi jing, la médecine traditionnelle chinoise, l'acupuncture, les arts martiaux tels que le tai-chi-chuan ou le bagua zhang.

Passons maintenant en revue les 8 trigrammes qui, chacun, portent un nom et sont associés à une direction cardinale et à un élément.

QIAN (le Ciel) est le trigramme le plus yang, car les 3 yaos sont yang.	
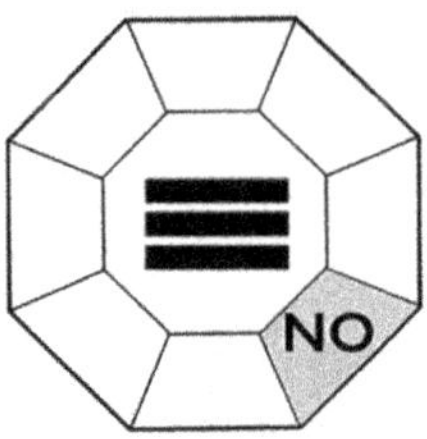	**ÉLÉMENT MÉTAL**
Nom	Le créateur
Direction	Nord-ouest (292,5° à 337,5°)
Nombre	6
Membre de la famille	Le père
Âge	+ 60 ans
Organe	Poumons
Corps	Tête, os
Tonalité chromatique	Couleurs vives, vermillon
Personnage social	Leader, célébrité, militaire, président
Animal	Cheval, lion
Qualité	Force, loyauté
Activité	Gouvernement, administration

KUN (la Terre) est le trigramme le plus yin, car les 3 yaos sont yin.	
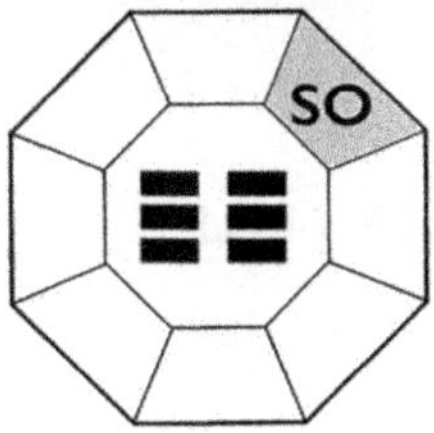	**ÉLÉMENT TERRE**
Nom	Le réceptif
Direction	Sud-ouest (202,5° à 247,5°)
Nombre	2
Membre de la famille	La mère
Âge	+ 60 ans
Organe	Estomac, rate
Corps	Ventre, chair
Tonalité chromatique	Jaune, noir
Personnage social	Reine, agriculteur, multitude
Animal	Vache, troupeau
Qualité	Honnêteté, générosité, réceptivité
Activité	Agriculture, immobilier, médecine

LI (le Feu)	
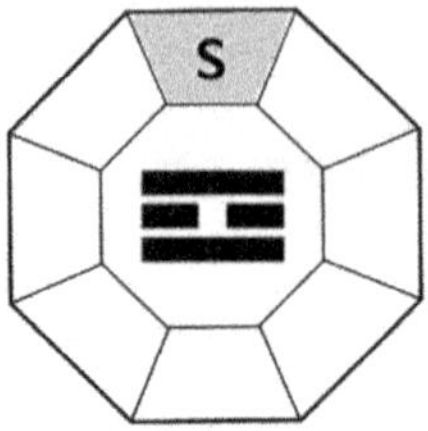	**ÉLÉMENT FEU**
Nom	Qui s'attache, liant
Direction	Sud (157,5° à 202,5°)
Nombre	9
Membre de la famille	Fille cadette
Âge	30-45 ans
Organe	Cœur, yeux
Corps	Système nerveux
Tonalité chromatique	Violet, rouge
Personnage social	Jeune femme, sage
Animal	Oiseau, phénix, homard
Qualité	Intelligence, beauté, lumineux, collant
Activité	Journalisme, décoration, arts

KAN (l'Eau)	
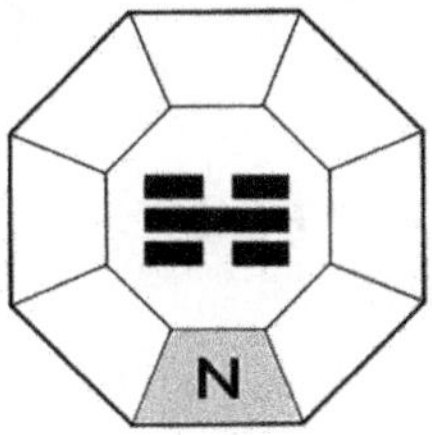	**ÉLÉMENT EAU**
Nom	L'insondable
Direction	Nord (337,5° à 22,5°)
Nombre	1
Membre de la famille	Fils cadet
Âge	30-45 ans
Organe	Reins, vessie
Corps	Oreille
Tonalité chromatique	Noir
Personnage social	Jeune homme, marin, bandit
Animal	Cochon, poisson
Qualité	Secret, réfléchi
Activité	Intellectuelle, scientifique, aquatique
Autres	Choses cachées, Lune

ZHEN (le Tonnerre)	
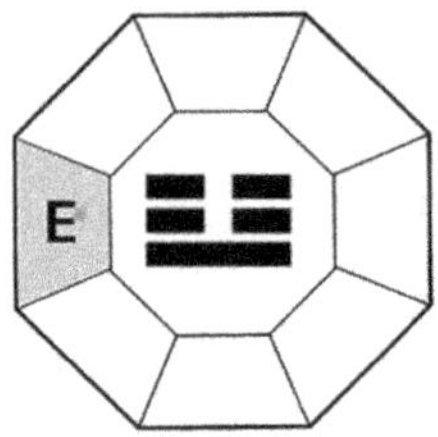	**ÉLÉMENT BOIS**
Nom	L'éveilleur
Direction	Est (67,5° à 112,5°)
Nombre	3
Membre de la famille	Fils aîné
Âge	45-60 ans
Organe	Foie, vésicule biliaire
Corps	Pied
Tonalité chromatique	Vert, jade
Personnage social	Homme grand, manager
Animal	Dragon, serpent
Qualité	Pragmatisme, dynamisme, décision rapide
Activité	Arts, musique, cinéma, électricité
Autres	Bruit

XUN (le Vent)	
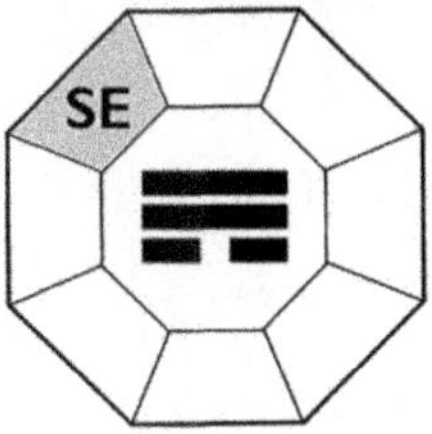	**ÉLÉMENT BOIS**
Nom	Le doux, gentil
Direction	Sud-est (112,5° à 157,5°)
Nombre	4
Membre de la famille	Fille aînée
Âge	45-60 ans
Organe	Foie, vésicule biliaire
Corps	Cuisse, cheveux
Tonalité chromatique	Vert, bleu
Personnage social	Veuve, solitaire, religieuse, étudiant
Animal	Coq, oiseau
Qualité	Sociabilité, aime bouger, souplesse, indécision
Activité	Édition, littérature, mobilier, voyage
Autres	Respiration, ventilateur

GEN (la Montagne)	
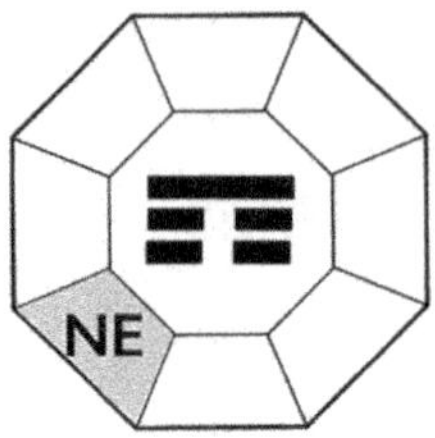	**ÉLÉMENT TERRE**
Nom	L'immobile
Direction	Nord-est (22,5° à 67,5°)
Nombre	8
Membre de la famille	Fils benjamin
Âge	Jusqu'à 15 ans
Organe	Nez
Corps	Doigt, jambe, os
Tonalité chromatique	Jaune
Personnage social	Jeune garçon, jeune homme, célibataire
Animal	Chien
Qualité	Indépendant, méthodique, calme
Activité	Immobilier, architecture, banque

DUI (le Lac ou le Marais)	
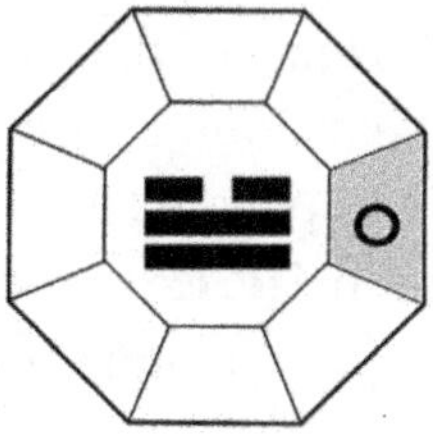	**ÉLÉMENT MÉTAL**
Nom	Le joyeux
Direction	Ouest (247,5° à 292,5°)
Nombre	7
Membre de la famille	Fille benjamine
Âge	Jusqu'à 15 ans
Organe	Poumons, bouche
Corps	Langue, intestins
Tonalité chromatique	Blanc
Personnage social	Chanteur, acteur, voyant
Animal	Chèvre, animaux des marais
Qualité	Intuition, bavard, élégance, sociable, ragots
Activité	Communication, publicité, relations publiques

Les trigrammes en pratique

Toute chose, parce qu'elle est yin ou yang, peut être associée à un trigramme.

Nous l'avons vu dans les tableaux précédents : chaque trigramme a une personnalité avec des qualités dont l'origine remonte aux multiples sens de l'idéogramme chinois, ce qui explique la richesse de l'interprétation. Ce sera très utile lorsqu'on abordera les Étoiles volantes (voir p. 149).

Par exemple, le chiffre 7, qui renvoie au trigramme DUI, représente l'idée de la bouche et de la voix : il est donc associé au métier de chanteur ou aux activités liées à la parole (relations publiques), mais également à ce qui est cassé, brisé. En associant les deux, et selon les situations, on obtient un nouveau sens : le bavardage inutile ou les ragots...

Nous verrons tout cela plus en détail dans le chapitre 9.

Utiliser le bagua

Avant d'acheter ou de louer votre habitation, vous pouvez évaluer les **incidences des objets physiques qui constituent une menace lorsqu'ils sont situés dans l'environnement proche de votre maison**. En feng shui, ces menaces, qu'on appelle des « **sha chi** », peuvent être un pylône, un arbre mort, une grue, un bâtiment avec un angle saillant pointant en direction de la porte d'entrée ou d'une fenêtre (pour en savoir plus sur les sha chi, voir p. 85).

Par exemple, une grue placée à l'ouest de votre terrain face à la porte de la maison peut provoquer des effets indésirables sur les poumons ou la bouche puisque l'ouest correspond au trigramme Dui (chiffre 7). Il vous est possible ensuite de repérer quel habitant peut être éventuellement touché (Dui correspond à une personne qui a moins de 15 ans).

LE CONSEIL EN +

N'anticipez pas les problèmes si aucune personne n'a cet âge-là dans la maison. Dans le cas contraire, vous avez là un indicateur à prendre en compte pour faire votre choix.

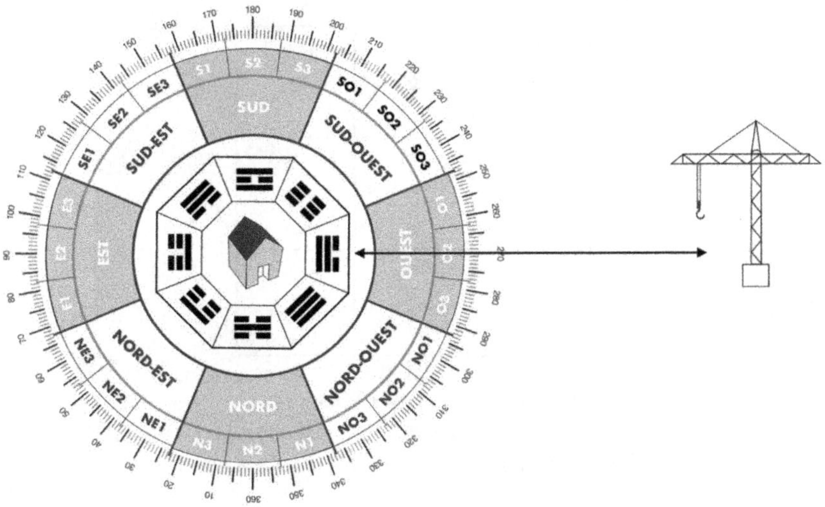

Voici la roue des 24 montagnes : les 8 points cardinaux sont composés chacun de 3 « montagnes » de 15° chacune. Au centre figurent les trigrammes associés aux points cardinaux et semi-cardinaux. Grâce à cette roue, il est possible de repérer très précisément quel trigramme est affecté par la grue.

CONSEIL DE LECTURE : Cyrille J.-D. Javary et Pierre Faure, *Yi jing : le livre des changements*, Albin Michel, 2002.

LE LOSHU

Il s'agit d'un **carré composé de 9 cases** dont l'origine remonte à une légende des temps anciens. Le chaman Yu vit sortir une tortue à tête de licorne de la rivière Lo située au centre de la Chine. Elle portait sur sa carapace un agencement particulier de points qu'il interpréta comme une description du cycle fluvial. Ces points ont été traduits en chiffres dont l'agencement forme un **carré « magique », car l'addition de chaque ligne donne 15**.

4	9	2
3	5	7
8	1	6

Verticalement : 4 + 3 + 8 = 15 ; 9 + 5 + 1 = 15 ; 2 + 7 + 6 = 15.
Horizontalement : 4 + 9 + 2 = 15 ; 3 + 5 + 7 = 15 ; 8 + 1 + 6 = 15.
Diagonalement : 4 + 5 + 6 = 15 ; 2 + 5 + 8 = 15.

Le loshu symbolise la **manifestation cyclique des phénomènes naturels en mutation permanente** et la **manière dont les énergies se répartissent dans l'espace en fonction du temps***. La position de chaque chiffre est déterminée par un mouvement qui a toujours lieu en partant du centre et en suivant le sens des flèches, comme sur la figure suivante :

---

* Il existe un autre diagramme, le Hetu (dont nous ne parlerons pas ici), qui est très utilisé dans le feng shui des Étoiles volantes. Certains ouvrages y font référence, comme par exemple *Les essentiels du Feng shui* de Raymond Lo, paru aux éditions IFS en 2015, ou *Feng shui de l'Étoile volante* de Lillian Too, Guy Trédaniel éditeur, 2003.

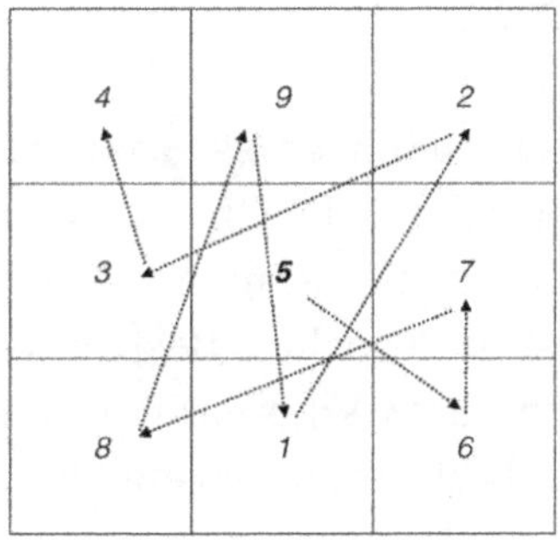

Chaque chiffre a été associé à un point cardinal – à l'exception du 5, évidemment, puisqu'il est situé au centre – puis à un trigramme : les informations du loshu ont ensuite fusionné avec celles du bagua (voir p. 50) probablement à partir du IIIe siècle après J.-C.

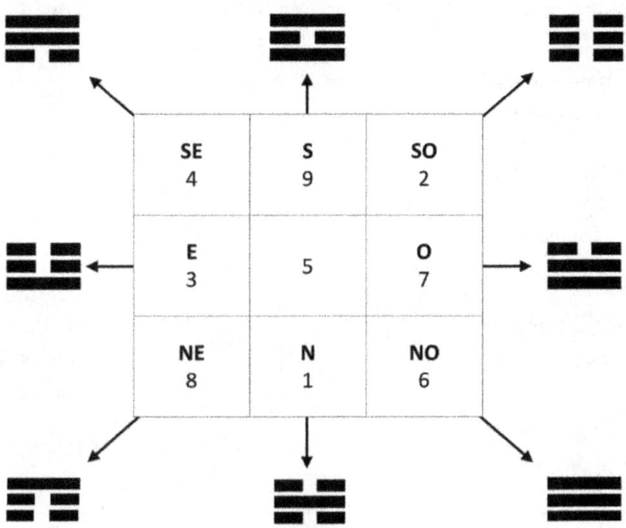

LES 5 ÉLÉMENTS

Pour représenter et modéliser les lois dynamiques de la nature en changement permanent, les Chinois ont inventé les systèmes ingénieux que nous avons commencé à découvrir ensemble : le yin et le yang, le bagua, le loshu... Reste à aborder le dernier système, celui des 5 éléments. Vous en avez sans doute déjà entendu parler. Quels sont-ils et à quoi servent-ils ?

Plutôt que de parler de 5 éléments, il faudrait dire **« 5 transformations » (Wu xing)** : en effet, les Chinois ont relevé 5 manifestations différentes du chi, 5 « humeurs » qu'ils ont associées à 5 éléments naturels : le feu, la terre, le métal, l'eau et le bois. Chacun a une personnalité dotée de caractéristiques. Le tableau ci-dessous en décrit quelques-unes.

	Type d'énergie	Forme	Couleur	Saison
FEU	Ascendante, chaleureuse, rayonnante	Triangle, pointe vers le haut	Solaire, rouge-jaune-orange, jaune vif	Été, saison la plus yang
TERRE	Stabilisante, contenante, canalisante	Carré, rectangle horizontal	Marron, beige, ocre	Intersaisons (laps de temps entre les 4 saisons)
MÉTAL	Se contracte et se concentre	Cercle, ovale	Blanc, gris	Automne, saison où l'énergie yang devient plus yin
EAU	S'écoule vers le bas, descend et se répand	Forme irrégulière	Noir, bleu foncé	Hiver, saison la plus yin
BOIS	Croissante, en dévelop-pement, en expansion	Rectangle vertical	Vert (feuillage), marron (tronc, racines)	Printemps, saison de la remontée de l'énergie yang

Tout, absolument tout peut être classé selon cette typologie. Prenons l'exemple des montagnes :

- une montagne ou une chaîne de montagnes de forme pointue sera considérée comme feu ;
- montagne pointue arrondie : métal ;
- plateaux hauts abrupts (de forme rectangulaire) : bois ;
- plateaux plats avec pente douce : terre ;
- chaîne irrégulière : eau.

Les 3 cycles élémentaires

Comme les chi dans la nature, **les éléments, lorsqu'ils interagissent entre eux, se modifient**. Ils changent d'humeur : leurs caractéristiques sont alors renforcées, affaiblies ou détruites.

Ces modifications s'opèrent selon 3 cycles :

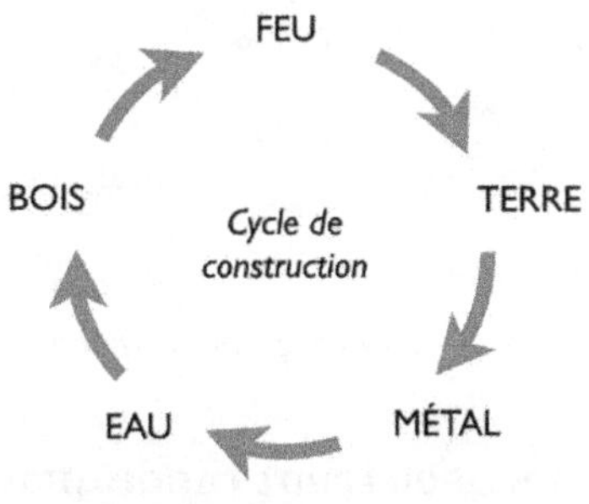

Le cycle de construction (autres termes : production, engendrement).

La relation entre les éléments est **productive et positive**, à l'image d'un parent qui nourrit son enfant :

- Le bois permet d'entretenir le feu : c'est son principal combustible.
- Le feu renforce la terre : les friches brûlées produisent de l'engrais.

- La terre crée le métal : elle permet la formation et la concentration de matières minérales.
- Le métal, matière minérale concentrée, nourrit l'eau souterraine.
- L'eau est essentielle au bois (le végétal).

Ce cycle permet **d'entretenir un élément ou de le renforcer s'il est trop faible.**

À NOTER

Attention, tout est question de proportions : trop d'eau finirait par faire pourrir le bois s'il n'est pas en quantité suffisante pour résister...

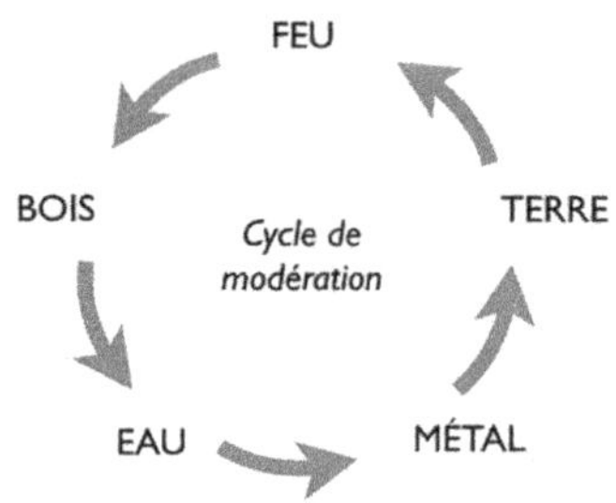

Le cycle de modération ou d'affaiblissement.

À l'inverse, **un élément en trop grande quantité peut affaiblir les caractéristiques de celui qui le précède dans le cycle.** C'est facile à comprendre : par exemple, le bois jouera le rôle d'une éponge en absorbant l'eau, la terre étouffera le feu, l'eau finira par corroder le métal...

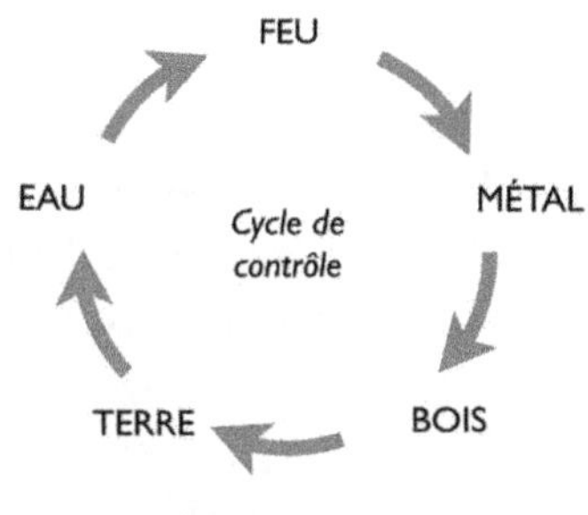

Le cycle de contrôle ou de destruction.

Vous le trouverez aussi représenté de la manière suivante :

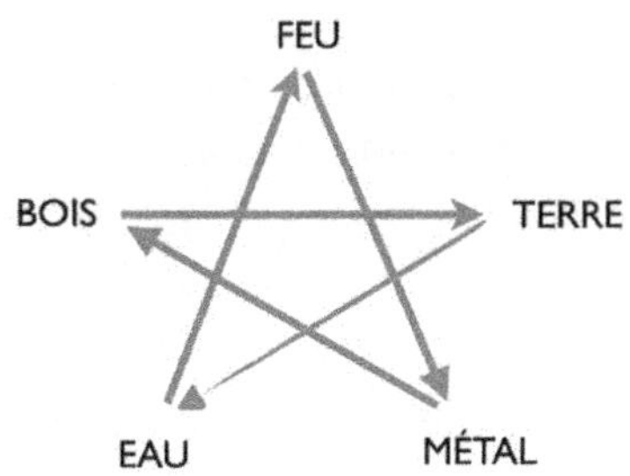

En feng shui, **ce cycle est le plus radical** : les relations entre les éléments sont considérées comme négatives car l'élément subit une forte pression de la part de celui qui l'agresse. Il est surtout utilisé par les praticiens en médecine traditionnelle chinoise (en acupuncture, par exemple), mais le référentiel est légèrement différent*.

L'élément agressé est alors privé de toutes ses qualités ; en perdant ses caractéristiques, il peut être totalement détruit :

* Voir, à ce sujet, l'ouvrage de Philippe Maslo et Marie Borrel, *Ma bible de la médecine chinoise*, Leduc.s éditions, 2016.

- L'eau éteint le feu.
- Le feu fait fondre le métal.
- Le métal tranche le bois.
- Le bois permet de retenir la terre (les racines de l'arbre).
- La terre évite à l'eau de se propager en la canalisant.

À NOTER

En fait, ici aussi, tout est question de proportions : l'eau n'éteindra le feu que si elle est en quantité suffisante, de même qu'une paire de ciseaux (élément métal) sera inefficace pour tailler un arbre (élément bois) !
Il s'agit donc de bien analyser les forces en action avant d'intervenir chez soi. Je vous conseille de vous reporter autant que nécessaire aux schémas des 3 cycles et de vous entraîner à jouer avec les qualités des 5 éléments et leurs interactions avant de commencer à les manipuler.

Le tableau suivant récapitule les notions essentielles :

	Renforce	Affaiblit	Contrôle
FEU	Terre	Bois	Métal
TERRE	Métal	Feu	Eau
MÉTAL	Eau	Terre	Bois
EAU	Bois	Métal	Feu
BOIS	Feu	Eau	Terre

Pour renforcer ou diminuer les caractéristiques d'un élément.

Plusieurs solutions s'offrent ainsi à vous pour augmenter un élément dans un secteur de votre maison. Prenons l'exemple du feu :

- il est possible d'utiliser l'élément lui-même (le feu) ;
- ou de renforcer l'élément par celui qui le nourrit (le bois alimente le feu, selon le cycle de production abordé p. 67).

Pour diminuer l'influence du feu, il faudra privilégier la terre (cycle de modération) et, pour le détruire, l'eau (cycle de destruction).

LE MEILLEUR DES REMÈDES : DU CONCRET !

Un petit secret ? Pour une réelle efficacité, utilisez l'élément dans sa forme naturelle la plus pure ! Ainsi, la présence d'une source de chaleur telle qu'un feu de cheminée ou plusieurs flammes de bougies vaut mieux qu'un tableau représentant un soleil, un objet en forme de pyramide ou un mur peint en orange.
Évidemment, vous pouvez utiliser tous les niveaux (du plus concret au plus abstrait), mais l'impact sera plus ou moins efficace et plus ou moins rapide – surtout pour la méthode des Étoiles volantes que nous aborderons plus loin (voir p. 149). En revanche, nous n'utilisons pas la méthode de l'école symbolique, dont l'efficacité n'est pas prouvée. À vous de choisir…

Le tableau ci-dessous liste les contre-mesures qui peuvent être utilisées selon leur degré d'efficacité, par type d'élément.

DU PLUS EFFICACE AU MOINS EFFICACE				Feng shui occidental (efficacité non prouvée)
	1 NIVEAU CONCRET MATIÈRE	2 FORME	3 COULEUR	4 NIVEAU ABSTRAIT SYMBOLE
FEU	Cheminée, poêle à bois, bougies, photophores, plaque de cuisson, luminaire (lampe chaude, lampe rouge).	△ Formes triangulaires, pointues, coniques, pyramidales.	Couleurs vives de la flamme.	Représentation du feu, symbolique solaire.
TERRE	Minéral, pierre, galet, céramique, argile, plâtre, brique (en quantité).	□ Formes carrées, stabilisantes, plates, symétriques, mobilier avec angles droits.	Brun, ocre, marron, beige, taupe, tabac.	Représentation de montagnes (forme de plateaux).
MÉTAL	Tous les objets en métal : cadre, statue, luminaire, piano*, ustensiles de cuisine (chrome, argent, or, cuivre, bronze, fer).	○ Formes circulaires, ovales, sphériques, globes.	Blanc, gris, or, argent.	Affiche représentant un cercle argenté.

* En feng shui, la présence de son diffusé par la radio, la télévision, la hi-fi ou produit par un instrument ou un chant équivaut à produire l'élément métal ! Ce qui explique l'utilisation tous azimuts qui a été faite du carillon métallique par le feng shui New Age.

EAU	Aquarium, piscine ou bassin intérieur, fontaine, vase d'eau fraîche, humidificateur.	 Formes ondulées, courbes (sans angle), sinueuses, irrégulières.	Noir, bleu foncé.	Représentations aquatiques (mer, lac, rivière, marine, poisson, bateau...).
BOIS	Végétation (arbre, arbuste...), bois, osier, bambou, papier. La plante est vivante !	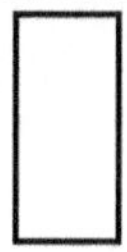 Formes rectangulaires verticales.	Vert, bleu.	Rayures verticales, veines, textures rainurées. Meuble en bois (le bois est mort).

CONSEIL DE LECTURE : Hiria Ottino et Zu-Hui Yang, *La Vérité des apparences : feng shui taoïste*, Guy Trédaniel éditeur, 2001.

LES CONCEPTS THÉORIQUES ET LES OUTILS DU FENG SHUI EN RÉSUMÉ

› Le **loshu** de forme carrée avec ses 9 chiffres décrit les forces en jeu dans l'espace : il sera appliqué sur le plan de la maison pour sectoriser les espaces bénéfiques et néfastes selon la méthode des Huit demeures ou celle des Étoiles volantes.

› Le **yin et le yang** et les **5 éléments** sont la traduction des forces en jeu dans l'univers.

› Les **trigrammes** sont la représentation codifiée de toutes les choses (personnalité, organe, saison, forme, membre de la famille...).

› Le **bagua**, de forme octogonale, associe chaque trigramme à une direction cardinale ou semi-cardinale.

2

COMMENT DÉCRYPTER L'ENVIRONNEMENT DE VOTRE HABITATION ?

S'il doit y avoir un seul élément à prendre en compte en feng shui, c'est bien l'environnement ! De sa qualité dépend celle de notre lieu de vie car tous deux entrent en interaction. C'est donc d'observation qu'il s'agit ici !

Petit tour d'horizon sur :

- les environnements à privilégier et ceux à éviter ;
- la manière de distinguer les bons et les mauvais chi ;
- les caractéristiques du terrain idéal.

Chapitre 4

Les environnements à privilégier et à éviter

L'environnement extérieur joue un rôle essentiel sur la qualité du chi qui nourrit la maison. Lorsque ce dernier n'est pas favorable, il y a de grandes chances pour que l'habitation en question dispose, de fait, d'un mauvais feng shui...

Avant même d'entreprendre les aménagements intérieurs de son habitation, la première des choses à faire est de bien évaluer les caractéristiques environnementales, les points forts, mais également les points faibles. Lorsqu'une maison est connectée à un bon environnement, c'est comme si elle était alimentée sur la bonne source d'eau.

LES 4 ANIMAUX CÉLESTES QUI COMPOSENT LE SITE IDÉAL

Traditionnellement, la configuration idéale d'une habitation s'appuie sur deux critères :

- **La protection :** le site doit être encadré à l'arrière et sur les côtés par des montagnes plus ou moins hautes. Bien positionnées, elles permettent de protéger le chi du vent tout en le canalisant. Elles font office de bras protecteurs.
- **La rétention :** la présence d'un cours d'eau permet de retenir momentanément le chi qui descend de la montagne et d'en potentialiser les effets bénéfiques. L'eau joue comme un réceptacle catalyseur.

Cette configuration est représentée par les 4 animaux célestes : la Tortue noire, le Dragon vert, le Tigre blanc et le Phénix rouge, qui correspondent chacun à un type de relief.

- La **Tortue noire** située à l'arrière est composée d'une formation montagneuse qui protège le site. Elle assure des relations riches, une bonne santé et une vie harmonieuse pour les habitants. La tortue se prolonge sur les côtés à droite (c'est le Tigre blanc, voir ci-après) et à gauche (Dragon vert, voir ci-après) de l'habitation, comme si cette dernière se trouvait au centre d'un croissant.

À NOTER

La Tortue ne doit pas être trop rapprochée, sinon son aspect protecteur deviendra étouffant.

- Le **Phénix rouge** présente une perspective dégagée à l'avant, mais il doit également retenir le chi pour éviter qu'il ne se dissipe. Son absence peut amener des problèmes pour se projeter et peut affecter la réalisation des projets.
- Le **Dragon vert**, situé à gauche de l'habitation, a des proportions plus hautes ou plus longues que le Tigre. Il nous parle de concrétisation et concerne les aspects financiers.

- Le **Tigre blanc**, situé à droite, est plus petit ou plus court que le Dragon. Il concerne davantage les aspects féminins et créatifs.
- Au niveau du **xué, la tanière du dragon** (l'étoile sur l'illustration suivante), le chi est bénéfique car c'est le lieu où le chi yin de la montagne converge avec l'eau yang.

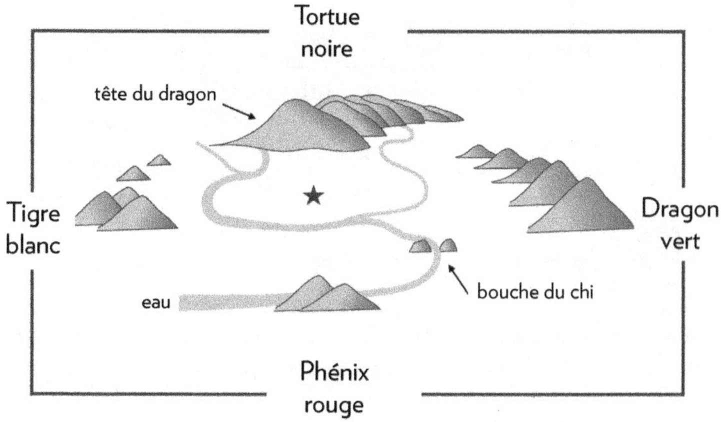

L'emplacement du site idéal (la tanière du dragon, l'étoile au centre de l'illustration) est choisi par le maître en feng shui après analyse des caractéristiques des montagnes (les dragons) et des cours d'eau afin que le chi lui soit bénéfique : on parle de « chi nourricier ». La présence de l'eau est indispensable, car elle permet de retenir le chi et évite qu'il ne soit dispersé par le vent.

Comment s'adapter au milieu urbain ?

Ce modèle a ensuite été transposé aux situations urbaines : lorsque l'eau et la montagne ne sont pas présentes dans la géographie du lieu, il suffit de les remplacer par **les voies de circulation ou les espaces ouverts (rues et routes) pour l'eau**, et par **les bâtiments, les immeubles, les grands objets inertes pour les montagnes**. L'eau représente le mouvement et les montagnes, l'énergie stable.

LE CONSEIL EN +

Bien évidemment, rien ne remplacera le chi naturel de l'eau ou de la montagne. En ville, il est préférable de se rapprocher des structures naturelles (plan d'eau, colline, rivière et fleuve, parc et jardin) pour bénéficier d'un feng shui plus efficace !

Zones yang		Zones yin	
Eau naturelle	**Eau virtuelle**	**Montagne naturelle**	**Montagne virtuelle**
Fleuve Rivière Ruisseau Lac Étang	Autoroute Route Rue Impasse	Colline Butte Dénivelé Pente	Immeubles Gros bâtiments Entrepôts Fortification
En ville, le chi peut se rassembler dans un jardin public, une place, un stade, qui feront office de grands conteneurs pour le recueillir.			

OBSERVEZ !

Pour acheter ou louer un logement, mais également choisir un local professionnel, mettez toutes les chances de votre côté ! Si vous avez eu un coup de cœur en visitant l'intérieur, ne foncez pas tête baissée : cela ne suffira pas à garantir que le feng shui du lieu est bon pour vous...

À NOTER

C'est une règle d'or à respecter : l'extérieur est tout aussi important que l'intérieur, sinon plus !

La première phase est très concrète : elle consiste à **observer l'environnement éloigné et proche pour en évaluer la qualité.**

Prenez votre voiture ou votre vélo et vérifiez la présence de dénivelés (montagnes, collines ou autres) et d'eau (cours d'eau et plans d'eau) dans un rayon de 5 km.

LES CONSEILS EN +

› La consultation des vues aériennes sur Google Earth (www.google.fr/intl/fr/earth/) ou Google Maps (www.google.fr/maps) permettra de bien appréhender les différences de relief et de noter les bâtiments imposants, les formes pointues, agressives autour de votre habitation, ainsi que les zones qui retiennent le chi comme les plans d'eau, les parcs, les espaces ouverts urbains.

› Sur le site www.geoportail.gouv.fr, plusieurs types d'informations tirées des cartes peuvent être exploitées :

- › la carte routière indique les axes principaux et secondaires, les voies d'eau, les zones boisées… ;
- › la carte topographique révèle les reliefs et l'altitude avec des courbes de niveau, ce qui est utile pour évaluer une pente ou un dénivelé autour de l'habitation d'où provient le chi (le chi suit le sens de la pente) ;
- › la carte satellite permet de voir la forme des bâtiments autour de la maison ;
- › la carte cadastrale fournit les limites de la propriété ;
- › d'autres cartes permettent de suivre l'évolution du site (vues aériennes 1950-1965, carte de Cassini ou carte de l'état-major 1820-1866).

Si vous souhaitez approfondir l'analyse, et notamment tout ce qui concerne les diverses formations de montagnes et d'eau, je vous conseille de vous référer à l'ouvrage d'Eva Wong, *Leçons approfondies de feng shui : origines et principes fondamentaux*, paru au Courrier du livre ou de consulter un expert en feng shui qui saura les interpréter et vous fournir des conclusions pertinentes et utilisables.

Promenez-vous autour de la maison ou dans le quartier et **relevez tout ce qui vous semble positif et négatif.** Pour vous aider, vous pouvez faire une liste en notant tout en vrac ou en vous inspirant des points à éviter détaillés plus loin.

- Inspectez les alentours, humez l'air : est-il sain, léger, chargé ou pollué ?
- Touchez le sol : est-il fertile, humide ou sec, la végétation y est-elle présente ? Elle vous renseignera sur la qualité des sols.
- Les animaux abondent-ils ? C'est bon signe !
- Un plan d'eau est-il présent ? Nous verrons que cela a son importance en feng shui.
- Quel type de relief : plat, accidenté ?
- Le lieu est-il bruyant ? Relevez la présence d'une école, d'une rue animée et commerçante, d'une ferme agricole, d'un aéroport...
- Quels sont les bâtiments qui entourent l'habitation et à quelle distance : leur volume, leur hauteur, leurs caractéristiques ? Est-elle à proximité d'un pylône, d'un carrefour, d'une autoroute ?
- Le lieu est-il facile d'accès et bien desservi par les commerces et les administrations ? Comment la maison est-elle située par rapport aux routes ? En feng shui, les routes sont en effet considérées comme des voies d'eau virtuelles qui transportent le chi (voir p. 80).

Menez votre enquête, car tous ces éléments issus de l'environnement proche auront une incidence certaine sur votre futur logement. Pour vous guider, il est intéressant d'observer notamment leur présence néfaste (pylônes, reliefs très accidentés, zones d'épandage ou d'autoroutes...), et leur présence bénéfique :

- végétaux en bonne santé : cela témoigne d'un sol fertile propice à la vie ;
- insectes et petits mammifères : cela illustre un lieu sain et non pollué ;
- reliefs (petits ou grands dénivelés) et eau qui sont les éléments indispensables du feng shui ;
- climat tempéré pour éviter les trop grands contrastes de température ;
- et autres informations que vous trouverez dans une check-list p. 88.

À NOTER

En feng shui, aucune règle n'impose qu'une route soit calme plutôt qu'animée. Tout dépend de ce à quoi vous destinez votre maison : une activité extérieure, devant vos fenêtres, pourra parfois être nécessaire pour stimuler le chi d'un bureau dans une maison afin d'y favoriser les opportunités, par exemple.

PRÊTEZ ATTENTION AUX RISQUES DE VOTRE ENVIRONNEMENT

Le lieu est-il classé dans une zone à risque (sismique, volcanique, Seveso*) ? Si vous souhaitez acquérir une maison, vous ne ferez pas les frais de ce type d'informations car, en général, elles figurent au diagnostic joint au compromis de vente.

Futur propriétaire ou locataire, allez à la mairie ou au cadastre pour vous renseigner sur tous ces risques et sur les projets de construction à venir, les zones inondables à proximité, les

* Seveso est une directive imposant aux États membres européens d'identifier les sites industriels à risque pour l'environnement.

servitudes... Autant de questions qui vous éviteront de faire face à de mauvaises surprises.

MENEZ L'ENQUÊTE AUTOUR DE VOUS

N'hésitez pas à vous renseigner – en toute discrétion, bien sûr – auprès des actuels vendeurs, des locataires ou bailleurs sur la raison de leur déménagement. La même démarche s'applique à un local professionnel. Investiguez auprès des voisins pour en connaître plus sur les propriétaires précédents. Certaines informations vous mettront la puce à l'oreille, surtout si les événements sont récurrents : problèmes de voisinage, couples qui se séparent, maladies, perte de travail, problèmes liés à la construction même de la maison, entreprises qui périclitent peu de temps après l'emménagement dans le local...

Si le tableau est beau, il faut aussi regarder le cadre... Lorsqu'on est sur le point de concrétiser l'achat ou la location d'une maison, l'enthousiasme et l'émotionnel peuvent facilement nous empêcher de voir ses défauts et nous pousser à surévaluer sa qualité en faisant l'impasse des critères feng shui. Un petit conseil ? **Prenez du recul, réalisez plusieurs visites, faites-vous accompagner, différez votre désir car, une fois votre achat réalisé, il sera trop tard.** À tout bien considérer, il est préférable que votre choix capitalise un maximum de points positifs.

- Organisez-vous une visite par temps de pluie, à la tombée de la nuit ou à d'autres moments (en ville, selon l'heure de la journée, les quartiers ne sont pas animés de la même façon).
- Revenez avec un parent ou une connaissance qui pourra vous apporter un éclairage nouveau.
- Continuez de comparer l'habitation avec d'autres logements.

Chapitre 5

Apprendre à distinguer les bons chi des mauvais chi

Aucun environnement n'est parfait. Cependant, certains plus que d'autres sont à éviter en priorité. Dans ce chapitre, vous découvrirez ce qu'est un sha chi, l'importance des voies de circulation et les emplacements favorables pour une habitation.

SHA CHI, LES SOUFFLES TUEURS

Certains environnements ne favorisent pas de chi sain : le chi devient alors agressif et destructeur. On l'appelle le **sha chi, qui signifie « souffle tueur »**.

Voici donc les points auxquels vous devez faire attention :

- **Évitez les caractéristiques extrêmes et les environnements brusques :** climats défavorables ou régions du globe balayées par les ouragans ou intempéries de toutes sortes ; les zones à risque et les lieux placés à l'aplomb de reliefs accidentés susceptibles d'éboulis, de pentes rocheuses et raboteuses dépourvues de végétation, de sommets déchiquetés ; les sites pollués, les décharges, les stations d'épuration, certaines industries ou zones commerciales, les ruines...

- **La campagne n'est pas forcément synonyme d'air sain :** les zones d'épandage, les élevages en batterie polluent l'atmosphère ou les nappes phréatiques, certaines cultures intensives utilisant des produits phytosanitaires dangereux sont nuisibles pour la santé.
- **Vivre à proximité de lignes à haute tension ou d'antennes relais, selon certaines associations, pourrait également présenter un danger sanitaire.** Par expérience, et sans être un opposant pur et dur de la technologie des ondes, je déconseille par principe de précaution ce genre de voisinage émettant des pollutions électromagnétiques.

À NOTER

Le feng shui traditionnel n'en fait pas mention, d'ailleurs, et pour cause : cette technologie n'existait pas. C'est plutôt la forme et la hauteur de l'objet (au même titre qu'un clocher) qui peut constituer une menace et générer un déséquilibre énergétique dans une maison.

CLIMAT ET SANTÉ

Il est reconnu que le climat exerce une action bénéfique ou néfaste sur notre santé. Les climats humides et la pluie sont propices au développement de l'arthrite et des affections ORL tandis que les climats chauds et secs sont reliés aux maladies cardiaques. Les vents permanents créent des migraines et, associés à d'autres conditions, de l'asthme.

- **Attention aux flux énergétiques trop puissants, qui emportent l'énergie ou la fracassent :** cascades, cours d'eau vifs, en ligne droite, en pente ou compressés par un goulot d'étranglement (l'eau est dite « impitoyable ») ; routes trop rapides, autoroutes, périphériques et voies ferrées, etc. De même, l'absence de végétation dans un lieu balayé par des vents forts n'est pas propice à l'installation de la vie...
- Évitez aussi les angles qui pointent vers l'habitation, donnant l'impression de couper la maison, les réverbères postés devant une porte d'entrée, les arbres morts, les antennes, **qui sont des sha chi de l'environnement proche**. Prenez garde aussi aux murs des bâtiments en verre ou en métal réfléchissant une lumière aveuglante, certains immeubles aux formes étranges...
- Attention enfin aux lieux dont l'activité et la fonction sont considérées par certains maîtres en feng shui comme des sha chi « spirituels » :
  - **commissariat :** énergie de violence ;
  - **caserne de pompiers :** sha sonore et énergie de l'urgence qui peuvent fatiguer et installer un stress permanent ;
  - **hôpitaux :** énergie de la maladie ;
  - **cours d'école :** énergie yang qui peut fatiguer selon les cas ;
  - **cimetière ou funérarium :** énergie trop yin, qui n'est pas à proscrire pour autant (tout dépend de la distance entre le cimetière et la maison).

LE CONSEIL EN +

Si certains sha chi (comme un pylône ou un grand arbre mort) ne sont pas visibles depuis les fenêtres ou la porte d'entrée, ils n'exerceront aucun effet sur la maison ! Selon la règle de ce qui ne se voit pas n'agit pas, il suffira de les cacher : une haie d'arbre peut nous protéger d'un angle de bâtiment aigu ou d'un bâtiment en ruine.

À proximité de sa maison, il vaut mieux privilégier :

- la **présence de la nature** : un parc en bonne santé, un jardin entretenu, un bois...
- un **plan d'eau**, un bassin, une fontaine (plutôt devant la maison) ;
- les **architectures circulaires** ou ne présentant pas d'angles agressifs. L'angle présente une menace réelle s'il est inférieur à 90°, car il prend la forme d'une flèche de lance.

Pour vous aider à bien évaluer la situation, je vous propose un exemple de tableau qui liste 18 critères à vérifier lors de votre visite. **Vous pouvez télécharger ce tableau vierge d'évaluation d'un site.**

Prenons l'exemple d'une maison de vacances dans la campagne du Sud-Ouest, en Charente.

CHECK-LIST ENVIRONNEMENT **ADRESSE** : Charente, à ... **DATE** : juin 2018				
Critères à vérifier	**Types**	**Observations**	**Point positif**	**Point négatif**
Accessibilité (voies et mode de circulation)	Nationales et communales calmes. Réseau ferré à 15 min.	Routes de campagne sinueuses et peu fréquentées.	X	

Montagne, colline, dénivelé, pente	La route descend devant la maison et remonte sur l'arrière.	La maison est située sur la pente d'une colline.	Lorsque vous serez plus avancé, vous pourrez vérifier quelle est la configuration formée par ce relief et voir si elle est cohérente avec la grille des Étoiles volantes (voir p. 152).	
Eau naturelle ou virtuelle Eau stagnante	Plan d'eau et route.	La route passe devant la maison. Le plan d'eau est situé au nord-ouest après les limites de la propriété.		
Relief accidenté et environnement brusque	Terrain vallonné harmonieux.		X	
Risque (sismique, volcanique, etc.)	Néant.	En apparence. À confirmer auprès des administrations. Rendez-vous lundi prochain.	En attente de réponse	En attente de réponse
Pollution souterraine ou aérienne, etc. Épandage, épuration, produits phytosanitaires, traitement de déchets, industrie polluante...	Vignes.	Sur le flanc est de la propriété. Se renseigner sur les traitements utilisés à la mairie ou auprès de l'agriculteur.	En attente de réponse	En attente de réponse
Flore (forêt, bois, parc, jardin, autres)	Présence d'une végétation naturelle abondante.	Le jardin et le potager à l'arrière de la maison n'ont pas l'air aussi fertiles.	X	

Faune	Papillons, abeilles.		X	
Bruit	Bruits de machines agricoles.	À confirmer lors d'une prochaine visite.	En attente de réponse	En attente de réponse
Qualité de l'air	Sain en apparence.	Présence d'abeilles, de papillons.	X	
Flux énergétiques puissants (cours d'eau, autoroute, voie ferrée, etc.)	Ligne grande vitesse.	Pas d'incidence. Passe à 10 km du lieu.	X	
Pollution électromagnétique	Champ de pylônes électriques.	Le champ n'est pas visible depuis la maison.	X	
Ruines	Ferme en ruine.	Un projet de rénovation est en cours (pas visible depuis la maison).	X	
Bâtiments adjacents	Un bâtiment appartenant au voisin est limitrophe à la maison et tombe en ruine.	Le bâtiment est à vendre. Négocier son rachat ?	X	
Arbres morts, végétation morte	Un cep de vigne est mort devant la porte d'entrée.	À retirer.	X	
Commerces et administrations	Dans le village voisin à 5 km et ville moyenne à 15 min.		X	

Bâtiments et lieux présentant un chi particulier (commissariat, hôpital, cimetière, école…)	Néant.		X	
Forme du terrain	Rectangle.	La maison est située sur l'avant du terrain.	X	
TOTAL DES POINTS POSITIFS/NÉGATIFS			……/18	……/18

Si vous obtenez un maximum de points positifs, l'environnement a toutes les chances d'être bénéfique ! Pour les questions qui restent en suspens, vous pouvez noter dans la colonne « Observations » les démarches à entreprendre.

Vous pouvez télécharger ce modèle vierge et le compléter avec les critères de votre choix – par exemple, tout ce qui concerne le terrain de la propriété, sa forme (régulière ou irrégulière, en forme de butte ou de cuvette, etc.), la qualité de son sol (argileux, rocailleux, sablonneux, etc.)…

LA VIBRATION DE L'EAU, VECTEUR D'ÉNERGIE

L'eau est associée à la prospérité des habitants, à leur carrière, leur richesse, leur positionnement social et leurs biens matériels. Dans les principes du feng shui :

- **L'eau et la montagne fonctionnent ensemble : elles sont indissociables.** Dans l'environnement idéal, l'eau yang doit former un équilibre avec la montagne yin.
- **L'eau doit être « vivante », propre et s'écouler.** L'eau stagnante d'une mare ou d'un bassin de stockage aux odeurs

nauséabondes est considérée comme « morte », car elle ne permet pas à l'environnement de prospérer.

- **Ses caractéristiques doivent être « sentimentales » : un cours calme et un son harmonieux, un débit régulier (ni trop rapide, ni trop lent).** *A contrario,* une chute bruyante qui emporte l'énergie, par exemple, est considérée comme « impitoyable ». Il existe autant de situations que de types d'eau : une habitation ne recevra pas le même type de chi selon qu'elle est située face à la mer, près d'un lac ou d'un étang, aux abords d'une cascade ou d'un ruisseau.

À NOTER

Pour obtenir des résultats en feng shui, une eau naturelle est plus efficace qu'une eau créée artificiellement (piscine, bassin, fontaine ou cascade dans un jardin). Mais si on n'a pas le choix, cela vaut mieux que rien.

Il n'existe pas d'emplacement systématique pour l'eau, toutes les situations étant différentes : une étude élaborée par un expert de feng shui permettra d'évaluer sa meilleure position par rapport à la maison pour que cela impacte les habitants favorablement.

Évitez cependant les cas de maisons construites trop près de l'eau, car elles manquent alors de protection. En feng shui, cette configuration s'appelle « le torse trempé » : la maison souffrira de l'humidité et ses habitants subiront insécurité matérielle et problèmes de santé.

En feng shui, n'oubliez pas également qu'on applique le principe de « ce qui ne se voit pas n'agit pas » : des eaux souterraines qui passent sous la maison ne sont donc pas prises en considération, à la différence de la géobiologie (voir p. 25).

LES VOIES DE CIRCULATION

En feng shui, **les routes sont considérées comme des voies d'eau virtuelles qui transportent l'énergie nourricière.** Elles ont donc une forme, une direction. Une vitesse peut y être associée. Ce sont elles qui amènent le chi vers la maison ou l'en éloigne...

Reportez-vous aux illustrations ci-après pour connaître les emplacements favorables et défavorables d'une habitation.

Voici les cas à éviter :

- Les habitations placées à l'intersection d'un Y ou d'un T : dans ce type de carrefour, la route est comme une lance qui vient transpercer l'habitation. Cette « flèche de bois* », comme on l'appelle, est très préjudiciable si votre porte d'entrée fait face à la route et qu'il y a beaucoup de circulation automobile. La solution est de planter une haie d'arbres qui fera tampon, car une « flèche de bois » peut affecter la chance de la famille et sa santé.
- Même sort pour les habitations situées au bout d'une impasse. En revanche, les maisons qui profitent du chi sont situées sur les côtés.
- Les maisons qui sont encerclées par une route.
- Une habitation placée à l'extérieur d'un virage reçoit l'énergie de plein fouet, comme si la route la coupait.
- Les voies trop rapides à proximité de la maison sont préjudiciables, sans compter le bruit qu'elles produisent, qui constitue un sha sonore. Un expert feng shui saura en évaluer réellement l'impact.
- Les habitations situées sur un carrefour ne doivent pas avoir leur porte d'entrée orientée face à l'une des quatre routes.

---

* Une flèche de bois caractérise aussi tout objet long apparenté de par sa forme à l'élément bois.

À l'inverse, les situations suivantes sont à privilégier :

- Rues et routes sinueuses où le chi s'écoule à bonne vitesse.
- L'intérieur de la courbe de la route, qui se comporte comme un bassin de rétention du chi (on parle alors d'« étreinte »).
- Les routes aux nombreuses boucles sont bénéfiques à la propriété.

Emplacement favorable pour une habitation

Emplacement défavorable pour une habitation

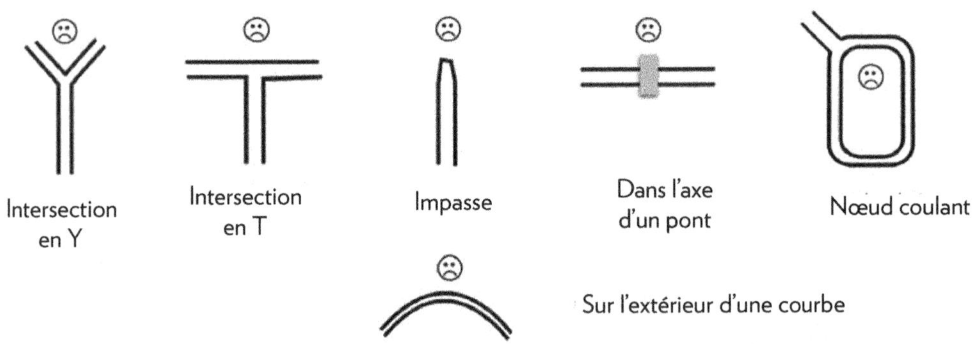

Toutes ces configurations s'inspirent des caractéristiques des voies de circulation d'eau.

Chapitre 6

À la recherche du terrain idéal

Maintenant que vous avez compris quels étaient les environnements à privilégier, rapprochons-nous encore plus près de la maison pour étudier les caractéristiques du terrain idéal sur lequel elle est construite. Sa forme a-t-elle un impact ? Quels sont les accès de la propriété à privilégier ? Un terrain en pente peut-il intervenir dans le bon équilibre de la maison ?

LA PENTE : BON CHI OU MAUVAIS CHI ?

Terrain en pente : où vaut-il mieux être situé ?

Attention à la pente montante ou descendante : si elle est trop forte, le chi comme la pluie dévaleront la pente, créant des instabilités de terrain dangereuses, et votre maison ne profitera pas du chi qui ne pourra pas s'y accumuler. Des difficultés liées au stress et à l'argent peuvent en découler.

Plusieurs cas de figure sont possibles :

- **En haut de la pente (A sur le schéma suivant) :** dans le cas d'une maison placée au sommet d'une colline ou d'une butte, si la végétation n'est pas suffisamment dense ou si le lieu est balayé par les vents, le chi dévalera la pente.
- **Au milieu de la pente (B) :** si la pente est raisonnable, il ne faut pas s'inquiéter. Dans le cas contraire, un système d'aménagement en terrasses entre la rue et la maison, dans le jardin s'il y en a un, permettra de retenir le chi et de l'empêcher de descendre.
- **En bas de la pente (C) :** tout dépend de l'inclinaison de la pente, qui doit être douce et progressive, et ne pas arriver sur la maison comme une flèche.

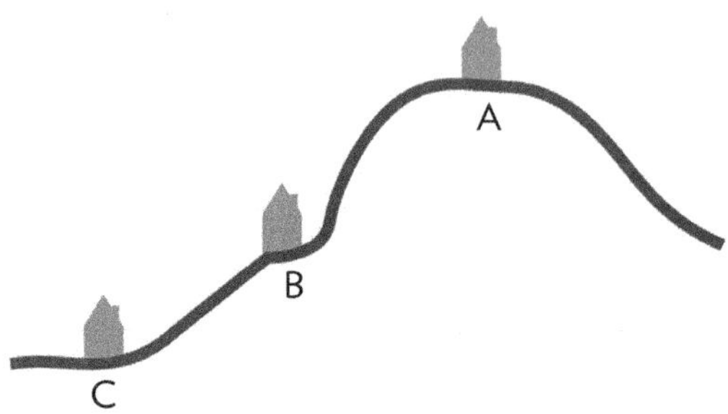

La bonne dynamique de la pente

Elle est nécessaire pour amener le chi vers la maison, mais le bénéfice change selon le sens de la pente :

- **De l'arrière vers l'avant.** C'est la formation la plus favorable en feng shui : la maison est positionnée sur une pente douce. Elle est donc protégée à l'arrière par un dénivelé plus haut. Vous reconnaissez là la configuration archétypale des animaux célestes (voir p. 79), avec son équilibre parfait.

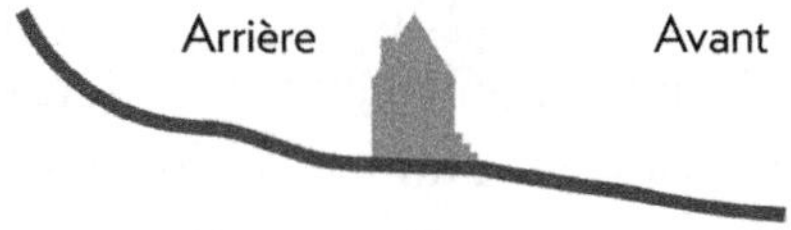

- **De l'avant vers l'arrière.** Le chi suit le sens de la pente et s'échappe donc vers l'arrière de la maison, ce qui peut déclencher un sentiment d'insécurité chez les habitants. Il suffira de planter une haie d'arbres derrière la maison pour limiter la fuite du chi.

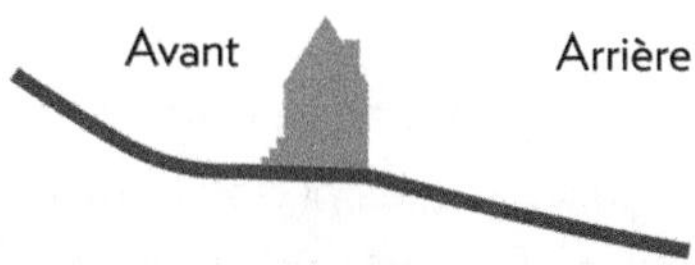

- **Du côté gauche vers le côté droit** (le Dragon vert est plus haut que le Tigre blanc). Cette configuration serait préférable à la suivante, car le dragon domine le tigre, animal féroce et violent. Cela reste évidemment un schéma théorique qu'il faut confirmer par des calculs.

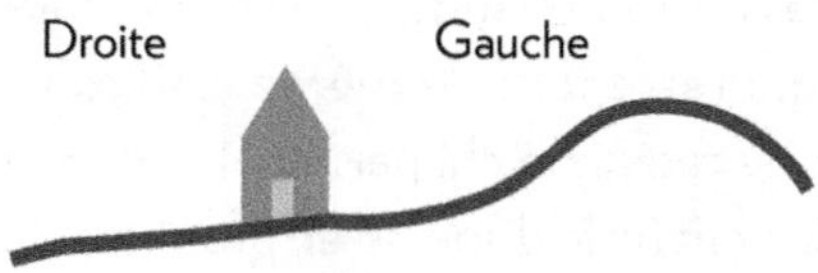

- **Du côté droit vers le côté gauche (le Dragon vert est moins haut que le Tigre blanc).** Cette configuration serait préjudiciable pour les membres masculins de la famille, car elle met l'accent sur le fait que les aspects yang du Dragon (principe de vitalité et d'action) sont contrôlés par les aspects yin du

Tigre (principe intuitif et créatif) : cette formation était vue d'un mauvais œil dans la Chine ancienne, car les femmes de la haute société ne devaient pas travailler. De nos jours, si certains experts tiennent encore compte de ces principes, les praticiens expérimentés ne se contentent pas de ce genre de postulat qui est une vision un peu simpliste du feng shui.

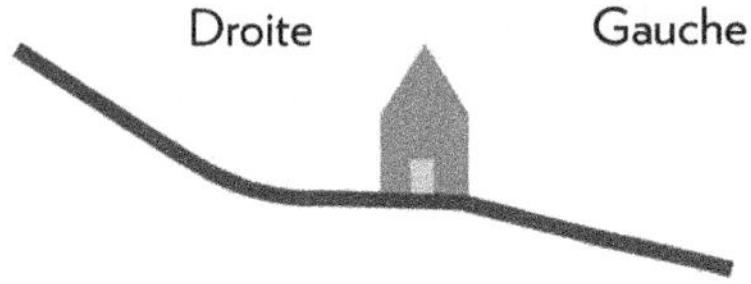

LE CONSEIL EN +

Dans tous ces cas, si la pente s'avère trop forte, le chi risque de la suivre. Je vous rappelle que le chi doit nourrir la maison et ne pas s'en éloigner. Il faut donc le retenir à l'aide d'arbres, par exemple.

ET LORSQU'IL N'Y A AUCUN RELIEF ?

Certaines régions du globe ont un relief très plat. Pas de panique : le moindre dénivelé rend encore le feng shui possible même s'il est vrai que ses effets bénéfiques se feront moins ressentir.

Le principe qui reste tout de même artificiel et plus délicat à réaliser serait de retenir le chi par un plan d'eau par exemple, ou d'éviter que le vent ne le disperse en protégeant l'endroit par une haie d'arbres.

À une époque lointaine, les Chinois étaient passés maîtres dans cet art de reconfigurer l'environnement notamment en détournant le cours des fleuves. Mais ces chantiers colossaux seraient bien difficiles à mettre en place de nos jours.

LA FORME DU TERRAIN

Le terrain est important, car il va **retenir le chi qui pourra être ensuite utilisé pour l'habitation** – c'est comme un bol qui va contenir de l'eau. Pour vous procurer le plan du terrain, demandez-le au cadastre ou rendez-vous sur **www.cadastre.gouv.fr**.

Voici les meilleures formes de terrain en feng shui :

- **Le carré**, forme stabilisante à quatre côtés et quatre angles droits, associé à l'élément de la terre : le chi y est donc équilibré. Votre maison peut être située au centre du terrain ou légèrement en arrière.
- **Le rectangle :** c'est la seconde possibilité. Attention cependant à ce que le rectangle ne soit pas trop allongé, car l'énergie y serait trop à l'étroit. Vous comprendrez plus loin, lorsqu'on découpera le terrain en 9 cases égales, qu'il vaut mieux obtenir un chi bien proportionné dans chaque case.

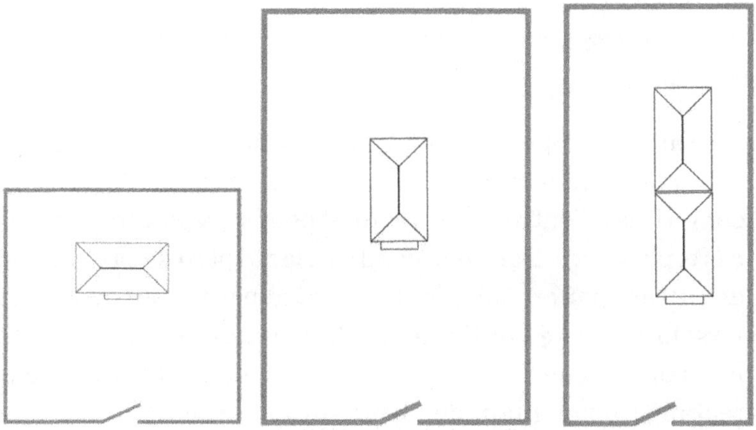

Les deux premières formes peuvent être facilement divisées en 9 cases égales du loshu (voir p. 63). La troisième forme (le rectangle allongé), qui comprime le chi, est à éviter.

Les autres formes de terrain sont moins intéressantes, car elles comportent des manques qu'il faut rééquilibrer :

- Les **terrains en forme de triangle** (élément Feu, voir p. 66), n'amènent pas un bon feng shui pour les habitants de la maison, car leur surface est déséquilibrée et leur forme présente des angles aigus. Tous les praticiens en feng shui la déconseillent : elle n'apporterait que des ennuis. Pour limiter les dégâts, il est toujours possible de « condamner » deux angles afin de recréer un carré à l'intérieur en plantant de la végétation, mais ce ne sera réalisable que si le triangle est très grand.

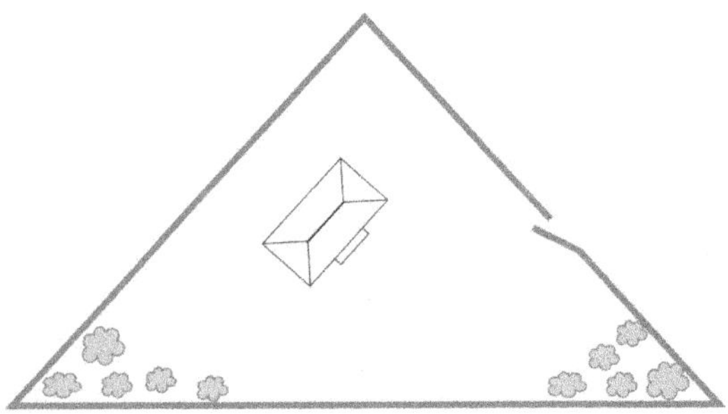

- **Terrain en trapèze :** la solution de gauche sur l'illustration ci-après est la meilleure car, même si le chi est légèrement comprimé à l'entrée du terrain, il peut se répandre vers l'arrière, plus large. Dans le second cas, le chi perd de sa puissance en entrant par le côté large et n'atteint pas le bout du terrain. La solution de rééquilibrage est la même que pour le triangle, mais plus facile à réaliser : recréer la forme du carré ou du rectangle en plantant des arbres ou des arbustes.

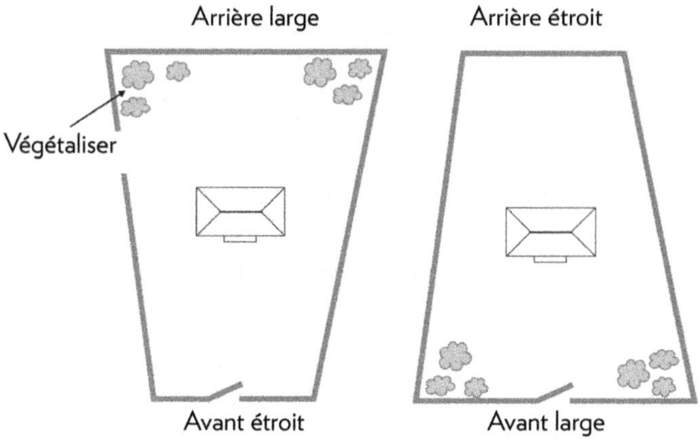

- La **forme en L** représente un carré ou un rectangle dont il manquerait une partie : la circulation du chi n'est pas homogène à l'intérieur du terrain et l'angle formé constitue une flèche qu'il vaut mieux éviter de diriger vers la maison.

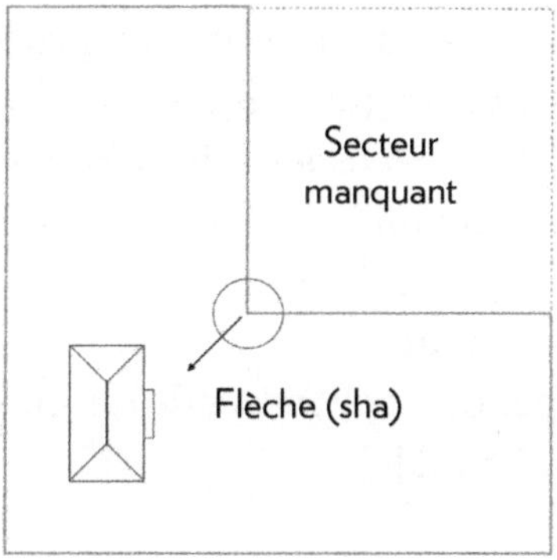

LE CONSEIL EN +

Une seule règle d'or pour tout terrain de forme irrégulière : essayez de réaménager le terrain pour qu'il se rapproche le plus possible du carré ou du rectangle. S'il vous est impossible d'entreprendre cela tout seul, vous pouvez faire appel à un paysagiste pour vous aider.

N'oubliez pas, bien sûr, d'inspecter la qualité des sols qui ne doivent être ni trop caillouteux, ni trop humides...

L'ACCÈS À LA PROPRIÉTÉ

Si le chi avoisinant la maison est de qualité, **il faut maintenant qu'il arrive jusqu'à la porte d'entrée** !

Quelques conseils pour faciliter sa venue :
- L'allée principale qui le conduit doit être sinueuse.
- Évitez la ligne droite, qui va accélérer le chi, ainsi que les allées dont la courbe extérieure est dirigée vers la maison.
- Choisissez également les bonnes proportions pour le portail en fonction de la surface de votre terrain afin de canaliser correctement le chi, ainsi que le bon emplacement en le décalant par rapport à d'éventuels sha chi qui se trouveraient en face. La taille du portail sera équilibrée en proportion du terrain, ni trop petit ni trop grand. Dans son ouvrage *Feng shui pour futurs propriétaires - Extérieur*, Joey Yap conseille de privilégier un seul portail plutôt que deux pour éviter les divisions familiales. Des plantations spécifiques peuvent également optimiser son parcours.
- Attention à ne pas obturer l'accès de la lumière dans la maison avec un écran végétal !

Conseil de lecture : Je vous renvoie au chapitre 8, « Jardins, terrasses et balcons », du *Grand Livre du feng shui*[*] : vous y découvrirez que le jardin est un espace dynamique et protecteur qui vient enrichir le feng shui de la maison.

---

* Bruno Lecourt, *Le Grand Livre du feng shui*, Leduc.s éditions, 2016.

LES ÉTAPES CLÉS POUR ÉVALUER VOTRE ENVIRONNEMENT

Résumé des étapes essentielles par lesquelles il vous faut passer pour évaluer l'environnement de votre habitation :

1. Repérez l'emplacement de la propriété sur une carte et définissez son orientation à l'aide d'une boussole.
2. Inspectez les alentours dans un rayon de 5 à 10 km. Élargissez ce rayon si vous le souhaitez, cela vous permettra de mieux comprendre les caractéristiques de la région.
3. Notez la présence de montagnes, de collines ou de dénivelés et d'eau (cours d'eau ou plan d'eau) : aucun feng shui n'est possible sans ces deux attributs, car le chi y sera très faible. Vérifiez la qualité des eaux (qu'elles soient bien « vivantes » et non stagnantes) et des montagnes (qu'elles soient couvertes de végétation et non rongées, élimées, ce qui génèrerait un chi malade).
4. Définissez la forme du terrain avec, dessus, l'emplacement de la maison.
5. Vérifiez la présence de sha chi autour de la propriété et évaluez les impacts sur les futurs habitants avant de faire votre choix (voir l'exemple avec le trigramme 7, p. 63).

CONSEIL DE LECTURE : Eva Wong, *Leçons approfondies de feng shui : Tome I : Origines et principes fondamentaux,* Le Courrier du livre, 2000.

ET LE BÂTIMENT ?

Avant de pénétrer dans la maison, observons son aspect extérieur : sa forme, sa structure et ses matériaux doivent présenter une **stabilité qui vous impactera favorablement.**

La forme de l'habitation

Les formes idéales qui présentent les meilleures qualités énergétiques sont **régulières, carrées ou rectangulaires**, car elles ne présentent ainsi aucun manque. C'est la règle des 4 points d'or : si la forme de la maison a ses quatre angles droits présents, alors elle sera considérée comme parfaite.

Comme pour les terrains rectangulaires (voir p. 99), faites attention aux maisons trop allongées, type longères, qui ne permettent pas un feng shui optimal car le chi y est comprimé.

Les formes irrégulières, quant à elles, déportent le centre de l'habitation et ne respectent pas la règle des 4 points d'or puisqu'elles font apparaître des manques et des extensions.

Voyons-en deux plus en détail :

- **Habitat en L.** En général, le chi circule mal d'un bâtiment à l'autre et l'ambiance énergétique peut s'en ressentir d'une aile à l'autre. Cela se traduit par le fait qu'une partie est davantage habitée que l'autre. D'autre part, le centre – le noyau de la maison – se retrouve parfois à l'extérieur des murs. Enfin, une des ailes ne voit généralement pas la lumière à cause de son orientation par rapport au soleil.
  La solution consiste à **cloisonner pour créer deux ailes distinctes qui ne communiquent pas entre elles et qui disposent ainsi de leur propre feng shui**. L'une des ailes peut être réservée pour des activités artistiques ou pour recevoir des amis (tout dépend de la place dont vous disposez).
  Sinon, **répartissez les pièces aux activités yang dans une aile** (entrée, cuisine, salon pour recevoir, bureau) **et celles destinées aux activités yin dans l'autre** (chambre, salon de détente, bibliothèque...).

- **Habitat en U.** Les habitations composées de trois bâtiments formant un U ouvert vers l'arrière ou l'avant présentent systématiquement un manque incluant le centre et une faible qualité énergétique qu'il est assez difficile de rééquilibrer. Cependant, pour certains praticiens, le U ouvert sur l'arrière serait plus déséquilibré car il ne présente pas de protection. Construire une quatrième aile permettrait de reconstituer un carré dont le centre serait évidé... ce qui n'est pas non plus favorable.

Quoiqu'il en soit, il est toujours possible de fluidifier la circulation du chi à l'intérieur de cette habitation : **en suivant le principe de rééquilibrage de la forme en L, chaque aile peut être traitée de manière séparée** soit en les cloisonnant, soit en créant des activités spécifiques pour chaque aile (voir « Habitat en L »).

Les plans irréguliers

L'équilibre et la simplicité avant tout

L'habitat doit **s'intégrer harmonieusement dans son environnement**, autant dans le choix de ses matériaux que par sa forme.

Évitez ainsi de choisir une maison dont la façade est trouée, décalée, inclinée, découpée avec un premier étage saillant, ou aux formes agressives ou fragiles comme les maisons montées sur pilotis ou sur des poteaux trop fins qu'il faudra camoufler avec par exemple une haie d'arbres très épaisse. Privilégiez les matériaux de construction de la région que vous habitez car ils sont adaptés au climat et à l'environnement, ainsi que les matériaux signalés « développement durable non polluants », respectant les normes **HQE** (haute qualité environnementale), **Natureplus** ou la certification **FSC** (Forest Stewardship Council) qui s'applique au bois et garantit sa traçabilité.

Le bâtiment dans sa structure **doit inspirer la solidité, la stabilité et la connexion avec le sol**, comme un corps en bonne santé bien ancré dans la terre.

Le centre a son importance !

Veillez à ce que cet espace nommé « palais céleste » soit **intégré à l'intérieur de la surface de l'habitation**, et non à l'extérieur. Cela favorisera l'harmonie des habitants et leur sentiment d'ancrage.

(Pour situer le centre de votre habitation, voir le calcul p. 124.)

Évitez les manques

Rares sont les maisons ne présentant pas de manque ! Ce n'est pas grave si le plan n'est pas tout à fait carré ou rectangulaire et **il existe des solutions pour pallier ce problème** :

- Lorsque la longueur de l'excroissance est supérieure ou égale au tiers de la longueur totale, il y a création d'un manque. Dans ce cas, on introduit le manque dans la grille du loshu, comme sur la figure A du schéma ci-après.
- Dans le cas contraire (figure B), l'excroissance est considérée comme une extension ; elle reste à l'extérieur du loshu. On n'en tiendra donc pas compte.

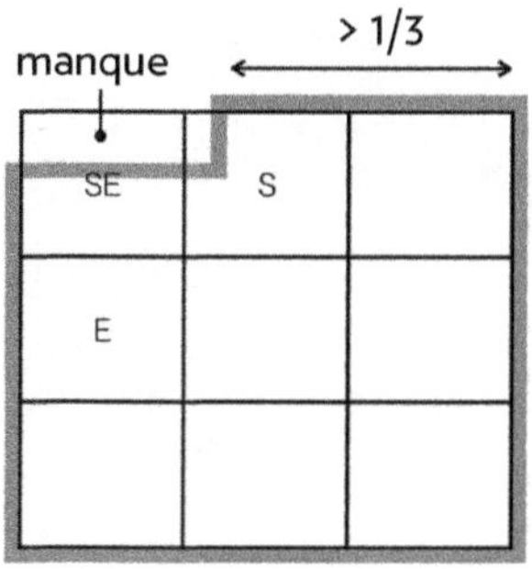

Plan A

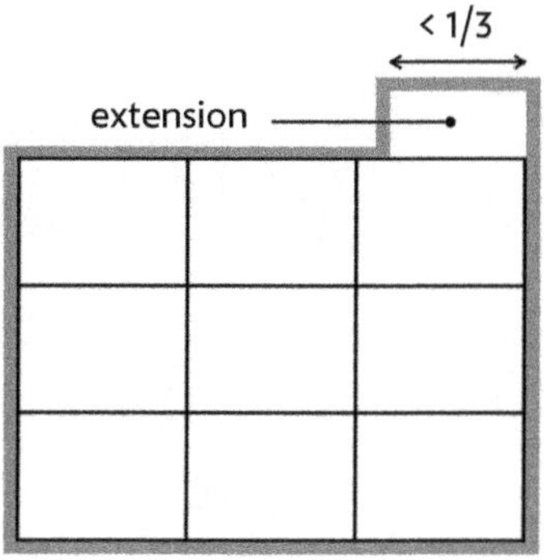

Plan B

Nous verrons dans le prochain chapitre que cela aura une incidence, puisqu'un ou plusieurs secteurs peuvent être amputés de leur énergie (comme sur la figure A où le secteur sud-est est incomplet).

3

LE FENG SHUI À L'INTÉRIEUR DE LA MAISON

À mi-parcours de ce manuel, vous voici familiarisé avec les caractéristiques d'un environnement propice au feng shui. Pénétrons maintenant dans la maison.

Nous allons découvrir ensemble quelles sont les étapes principales pour décrypter votre intérieur et comment utiliser ces deux méthodes complémentaires :

- La méthode des Huit directions (Ba zhai) pour obtenir ses meilleurs emplacements et orientations.

- La méthode des Étoiles volantes (Xuang kong) pour mettre en place nos actions au moment opportun afin qu'elles réussissent.

Chapitre 7

Les 4 étapes pour décrypter votre intérieur

Dans ce chapitre, nous commencerons par apprendre à réaliser des choses essentielles et pratiques comme :

- faire un plan de votre habitation ;
- calculer l'orientation de la porte d'entrée ;
- utiliser le loshu sur le plan ;
- déterminer le centre d'un plan.

PREMIÈRE ÉTAPE : SE PROCURER UN PLAN À L'ÉCHELLE

Si vous venez d'acheter une maison, il n'est pas rare que l'ancien propriétaire dispose d'un plan, à plus forte raison s'il l'a fait construire ou s'il y a fait faire de gros travaux par un architecte. L'agence immobilière qui vous a vendu l'habitation pourra également vous en fournir un.

À NOTER

Si le plan est trop succinct, il sera nécessaire de le compléter ; adressez-vous à votre architecte ou votre décorateur.

Lorsque le plan est ancien, il est parfois taché ou couvert d'informations : transférez-le à l'aide d'un calque ou faites-en une photo que vous traiterez sur ordinateur. **Vérifiez bien que le plan est à jour**, car le lieu aura peut-être subi des changements au cours du temps... Par conséquent, il vous suffira de corriger les informations en indiquant les nouvelles cloisons, ouvertures, pièces, par exemple.

Pour ceux qui n'ont pas la chance d'avoir un plan... il va vous falloir alors retrousser vos manches et le dessiner vous-même !

- Esquissez une **première ébauche des espaces principaux** (murs, emplacement des ouvertures, épaisseur des murs et des cloisons...).
- **Mesurez les longueurs de chaque pièce à l'aide d'un mètre déroulant ou d'un télémètre laser** (voir l'encadré ci-après) ; attention, cette étape peut s'avérer délicate si les pièces présentent des formes rondes, de multiples recoins, des dénivelés (planchers, escaliers, marches, pentes). Pour plus de facilité, je vous conseille donc d'être au moins deux.

LES OUTILS DE MESURE POUR VOTRE HABITATION

› Le mètre déroulant : il en existe de toutes les longueurs, de 1 à 50 m en passant par le décamètre (10 m). Tout dépend de la surface de votre espace, mais prenez de préférence 5 ou 10 m. Prix d'un décamètre : moins de 15 euros.

› Le télémètre laser : il permet de vérifier le calcul des surfaces. À partir de 20 euros.

Où les acheter ? Vous avez plusieurs plans à réaliser, le feng shui est votre hobby et tous vos voisins rêvent que vous leur fassiez une étude de feng shui, alors mieux vaut être équipé ! Rendez-vous dans votre magasin de bricolage préféré.

Où les louer ? Pour une utilisation occasionnelle, il est préférable de l'emprunter à un voisin bricoleur ou de vous tourner vers les sites de location en ligne d'outils de bricolage entre particuliers tels que www.bricolib.net, www.zilok.com, www.ladepanne.fr... Les tarifs y sont vraiment avantageux : la location d'un télémètre est possible à partir de 5 euros par jour.

À noter : les télémètres laser les plus récents sont connectés, ce qui est un plus pour transférer directement les données par Bluetooth sur tablette, ordinateur ou smartphone.

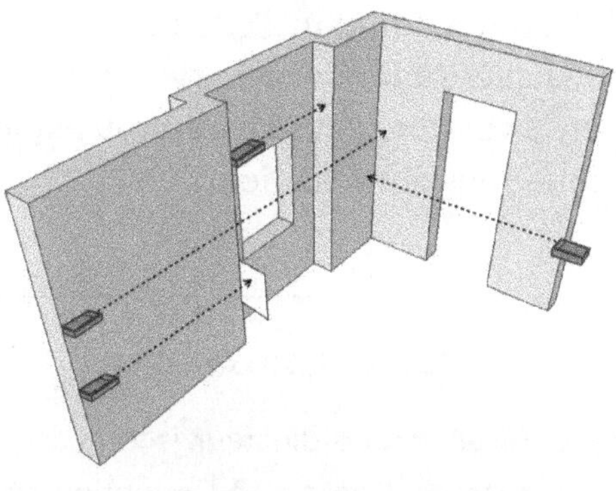

Lors de l'utilisation du télémètre laser, veillez à ne jamais le pointer vers une personne ! Réglez le télémètre en tenant compte de la longueur du boîtier et en vous référant à son mode d'emploi. Lors de la prise de mesure, veillez à être parallèle aux cloisons.

- Mesurez les longueurs en suivant les murs **de gauche à droite.**
- Pour éviter les erreurs, il vaut mieux **procéder par triangulation** en mesurant les diagonales de chaque espace (voir le schéma suivant).

Formes particulières
(cote en pointillés)

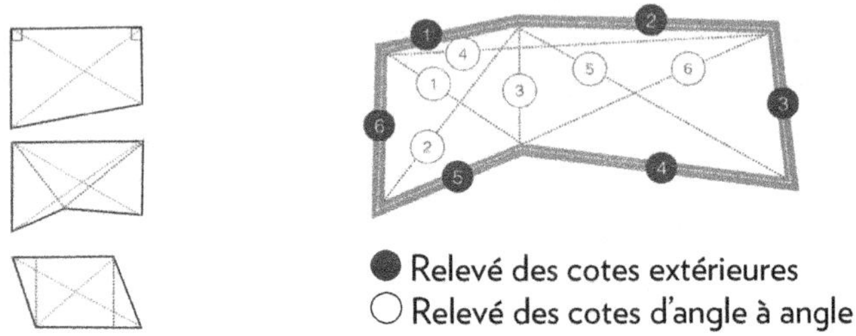

Le procédé de triangulation.

- **Reportez les dimensions sur l'esquisse.**
- Vérifiez une dernière fois que toutes les cotes sont bien notées, puis **dessinez la version définitive sur du papier millimétré,** comme lorsque vous étiez écolier...

ET SUR ORDINATEUR ?

Si vous préférez travailler sur ordinateur, je vous conseille d'utiliser un logiciel : la plupart sont payants à l'exception de certains, tels que SketchUp (www.sketchup.com/fr), très simple d'utilisation pour réaliser des plans 3D : 15 minutes suffisent pour réaliser un plan et l'imprimer ensuite à l'échelle 1/50 ou 1/100.
Sur HomeByMe, un site pour concevoir sa maison, vous pouvez réaliser jusqu'à 3 plans gratuitement (home.by.me/fr/).

Encore plus simple, depuis votre smartphone : avec l'application magicplan, il est possible de créer ses propres plans juste en prenant des photos. À tester !

Voici, par exemple, le plan de la maison de Jean avec les cotes correspondantes :

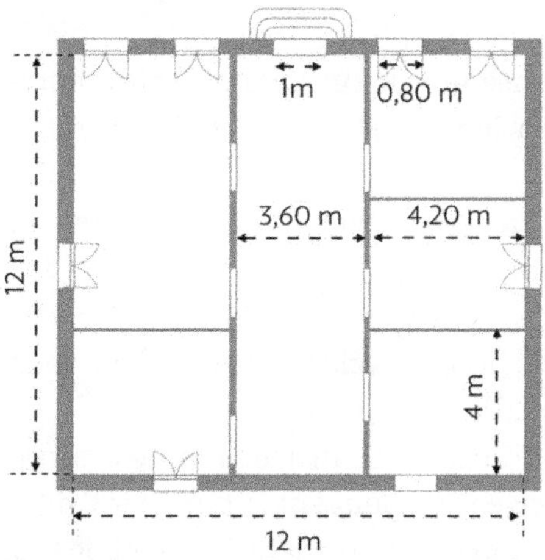

Exemple de plan. Un plan de ce type est suffisant pour réaliser votre étude de feng shui. Vous pouvez ensuite y indiquer les points d'eau et le mobilier, si vous le souhaitez.

Bravo, vous avez fait votre plan à l'échelle ; il est temps de passer à la prochaine étape : le relevé de l'orientation boussole.

DEUXIÈME ÉTAPE : TROUVER L'ORIENTATION DE LA FAÇADE

- Déterminer l'orientation cardinale de la maison est indispensable pour les deux méthodes que nous allons utiliser (les Huit directions et les Étoiles volantes) : cela nous permettra de situer les emplacements et les orientations favorables dans la maison.

Découvrons ensemble maintenant les différentes méthodes pour déterminer l'orientation de votre habitation.

L'outil essentiel pour cela est la boussole – la vraie, pas celle de votre smartphone !

Voici quelques précautions à prendre pour vous assurer de correctement l'utiliser :
- Retirez la boucle de ceinture et les accessoires en métal que vous portez, car ils peuvent influencer l'aiguille.
- Éloignez-vous des objets métalliques et de tout ce qui pourrait perturber le champ magnétique (ascenseur de palier, porte blindée, compteur électrique, télévision, smartphone...).
- Pour prendre la mesure de votre porte d'entrée, tenez-vous dos à la porte et prenez devant vous la mesure en vous aidant d'un repère afin de rester parallèle à la porte.
- Tenez fermement votre boussole en attendant que l'aiguille s'immobilise.
- Vérifiez à trois endroits différents si vous obtenez la même mesure. Si la prise de mesure est impossible, déplacez-vous.
- Il peut y avoir quelques degrés de différence dans les résultats. Cette marge doit cependant être comprise dans le même sous-secteur qui compose, avec les deux autres sous-secteurs, un secteur cardinal.

L'UTILISATION DE LA BOUSSOLE EN PRATIQUE

Chaque secteur correspondant à un point cardinal occupe 45° sur la boussole. Le total des 8 points cardinaux est égal à 360° (8 x 45°). Chaque secteur de 45° est lui-même divisé en 3 sous-secteurs de 15° chacun.

Si votre boussole indique 250°, votre porte est donc orientée vers l'ouest 1 entre 247,5° et 262,5°. Reportez-vous au tableau récapitulatif des secteurs p. 118.

Si votre boussole indique une seconde mesure de 263°, cela correspond à ouest 2 (262,5°-277,5°). Il faudra par conséquent reprendre vos mesures ou vous déplacer, car il est probable que votre aiguille subisse une influence électromagnétique quelconque.

- Vérifiez enfin sur Google Maps (maps.google.fr) ou Google Earth (www.google.com/earth) que vous obtenez la même mesure.

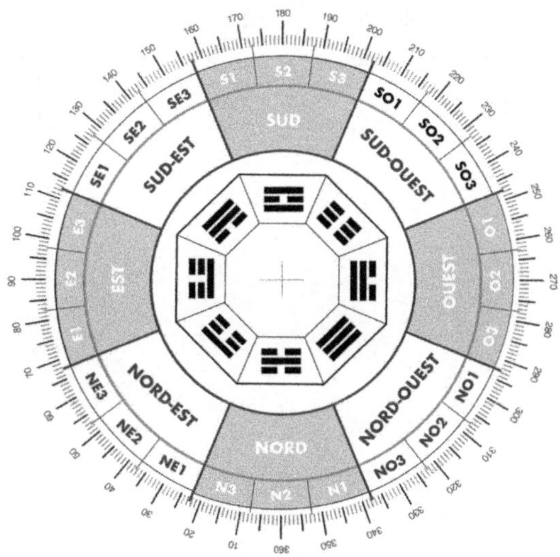

La roue des 24 montagnes. Vous pouvez la télécharger en scannant le QR code.

Tableau récapitulatif des secteurs (chaque sous-secteur 1, 2 et 3 équivaut à 15°)			
SUD		**NORD**	
S1	157,5°-172,5°	N1	337,5°-352,5°
S2	172,5°-187,5°	N2	352,5°-7,5°
S3	187,5°-202,5°	N3	7,5°-22,5°
SUD-OUEST		**NORD-EST**	
SO1	202,5°-217,5°	NE1	22,5°-37,5°
SO2	217,5°-232,5°	NE2	37,5°-52,5°
SO3	232,5°-247,5°	NE3	52,5°-67,5°
OUEST		**EST**	
O1	247,5°-262,5°	E1	67,5°-82,5°
O2	262,5°-277,5°	E2	82,5°-97,5°
O3	277,5°-292,5°	E3	97,5°-112,5°
NORD-OUEST		**SUD-EST**	
NO1	292,5°-307,5°	SE1	112,5°-127,5°
NO2	307,5°-322,5°	SE2	127,5°-142,5°
NO3	322,5°-337,5°	SE3	142,5°-157,5°

LE LOPAN, LA BOUSSOLE FENG SHUI

Traditionnellement, la boussole utilisée par les maîtres de feng shui est le lopan, un outil qui demande quelques explications.

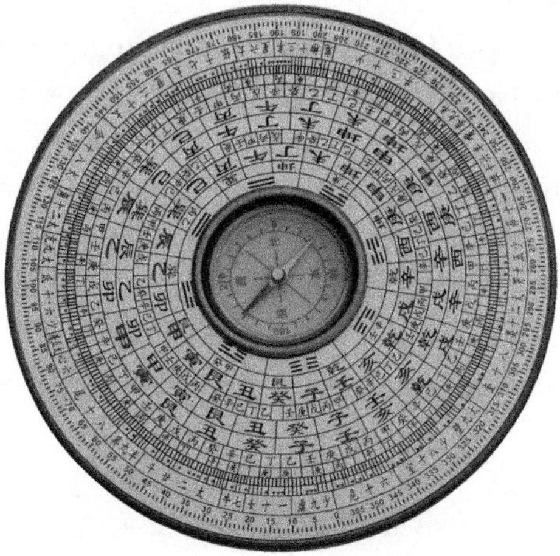

Autour de la boussole centrale, sur les anneaux concentriques qui peuvent être très nombreux, sont indiquées toutes sortes d'informations qui servent à analyser les chi (calendaires, astronomiques, spatiaux, etc.). Il est possible de retrouver ces informations très utiles pour le praticien de feng shui sur certains sites spécialisés équipés de calculateurs (ce, moyennant un abonnement).
Cet outil assez complexe, que l'on peut se procurer en Asie ou sur Internet, requiert une formation sérieuse en feng shui sous peine de rester muet… Il existe des petits modèles qui reprennent juste les informations de ce livre à un prix raisonnable sans rentrer dans les formules compliquées.
Si vous débutez dans le feng shui, et pour ne pas perdre le nord, équipez-vous d'une simple boussole, ce sera parfait.

Vous pouvez prendre l'orientation :

- de la **façade de votre habitation** (ce sera utile pour les Étoiles volantes, par exemple – voir p. 149) ;
- de la **porte d'entrée** (rappelez-vous, c'est la bouche de chi par où entre l'énergie) ;
- des **portes importantes** dans votre espace de vie ;
- du **mobilier** (le lit, le bureau, les différentes assises).

Vous souhaitez, par exemple, prendre l'orientation de votre façade de maison. Sur l'exemple ci-dessous, pour la maison de Jean, le relevé indique 136° sur la boussole. Reportez-vous au tableau récapitulatif des secteurs plus haut : 136° correspond à la deuxième sous-direction du sud-est notée SE2.

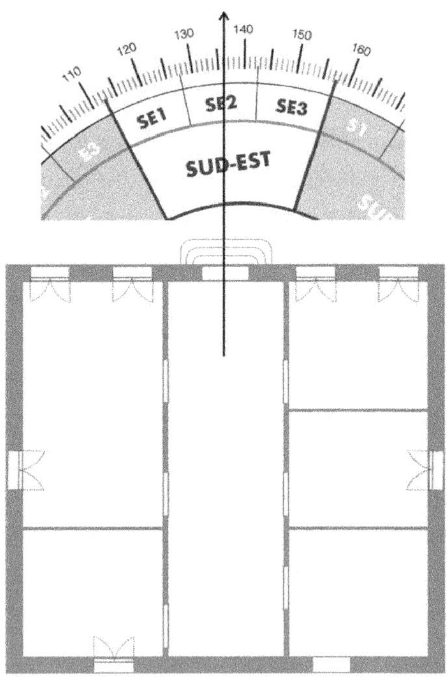

TROISIÈME ÉTAPE : PLACE AU LOSHU !

Le loshu, ce fameux « carré magique » (voir p. 63) est une grille composée de 9 cases (ou 9 palais) dans lesquels seront positionnés les 8 points cardinaux autour du centre. Il permettra de sectoriser les différents chi afin de repérer les pièces où se trouvent nos meilleurs emplacements (voir le chapitre suivant). Il servira également de support pour positionner les Étoiles volantes (chapitre 9).

Vous allez maintenant **superposer le loshu sur le plan de votre habitation**.

Pour cela, vous aurez divisé en trois la longueur et la largeur du plan (sans tenir compte de l'épaisseur des murs extérieurs) en prenant les dimensions à l'intérieur (voir l'illustration suivante en guise d'exemple).

Placez maintenant dans chaque secteur le point cardinal correspondant en partant du sud-est.

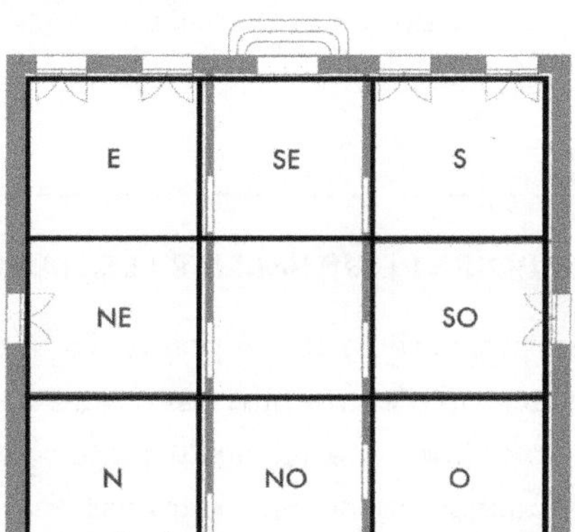

Le loshu à cases.

Vous trouverez également la variante suivante en forme de camembert mais, pour l'intérieur, je préfère utiliser la version avec les cases.

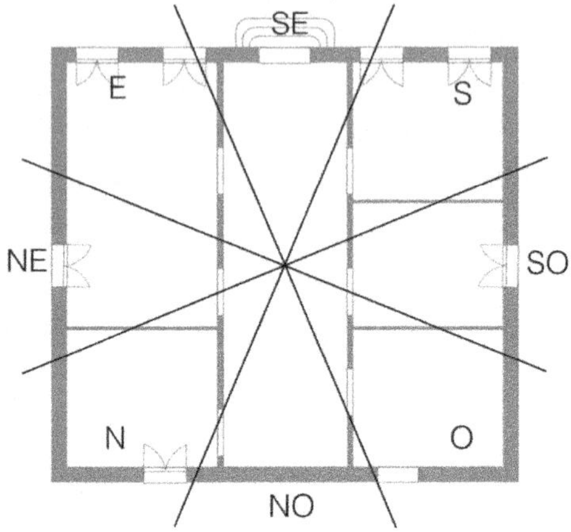

Le loshu camembert. Cette version est plutôt utilisée lorsqu'on souhaite poser le loshu sur un espace extérieur.

À NOTER

Pour un espace en manque et/ou en extension, voir p. 107.

DES MIROIRS POUR PALLIER LES MANQUES ?

En cas de manque, la règle des 4 points d'or n'est plus valable puisque la surface du plan n'a plus ses quatre angles. Placer un miroir pour reconstituer une surface est une solution purement illusoire et symbolique qui ne permettra pas pour autant de profiter de la surface : l'énergie y est absente. La seule solution serait d'intégrer le manque dans le plan de l'habitation en construisant des murs et un toit.

Un ou plusieurs secteurs manquants peuvent affecter un ou plusieurs membres de la famille. Il existe d'autres solutions pour remédier à ce problème, que nous aborderons dans le chapitre suivant avec la technique du microloshu.

Pour les plans en forme de L, je vous conseille de placer deux loshu différents comme sur le schéma suivant :

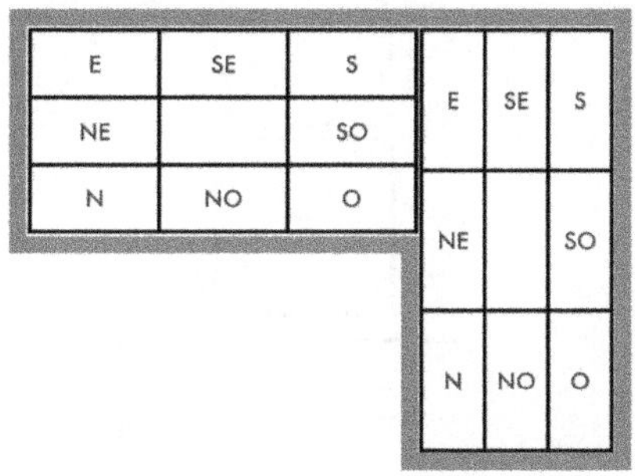

QUATRIÈME ÉTAPE : DÉTERMINER LE CENTRE DU PLAN

La prééminence du centre (la 5e direction, les autres étant les quatre points cardinaux) se retrouve dans l'idéogramme de la Chine qui signifie « le pays au centre du monde », mais également dans le fait que le pouvoir impérial d'où émerge l'ordre qui stabilise le pays est central, comme le 5, le chiffre de l'empereur au centre du loshu.

De même, les quatre bâtiments qui composent l'habitation traditionnelle chinoise s'organisent autour d'une cour ouverte qui fait office de centre ainsi que nous l'explique Cyrille J.-D. Javary dans *La Souplesse du dragon**.

* Cyrille J.-D. Javary, *La Souplesse du dragon : les fondamentaux de la culture chinoise*, Albin Michel, 2014.

Le centre a une fonction harmonisatrice, stabilisante ; c'est pourquoi il doit figurer dans l'espace de l'habitation. Voici comment vérifier si le centre se trouve bien à l'intérieur de votre habitation.

- **Pour les formes parfaites comme le carré, le rectangle ou le cercle**, c'est facile : le centre se trouve au croisement des diagonales ou des diamètres.

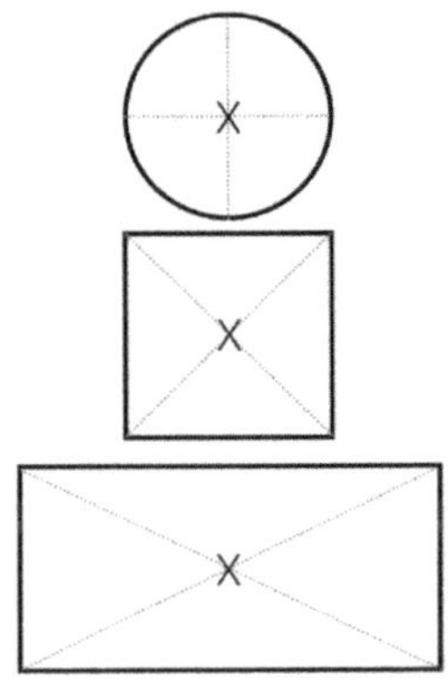

- **Pour les formes plus complexes** (en L, par exemple) : tracez les diagonales des deux rectangles qui composent le plan. Le centre principal du plan se trouve au milieu de la droite qui relie les centres des rectangles. Dans les cas de rectangles plus allongés, le centre peut ainsi se retrouver à l'extérieur.

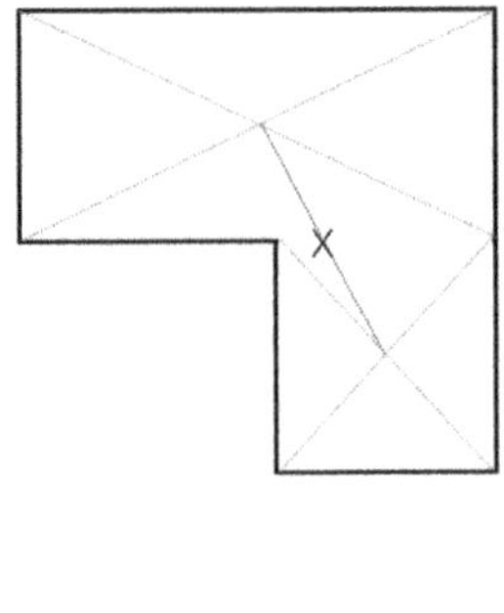

Chapitre 8

Vos meilleurs emplacements et directions

Il est temps maintenant de déterminer quelles sont vos meilleurs emplacements et orientations. C'est la technique des Huit demeures (Ba zhai).

À CHACUN SON MING GUA !

Le gua ou ming gua (ou encore « trigramme de vie ») est le **« chiffre de la destinée »** (*ming* signifie « destinée » et *gua* se traduit par « chiffre ») **calculé à partir de l'année de naissance**.

Il permet de repérer ses 4 meilleurs emplacements et de s'orienter vers les directions d'où proviennent les meilleurs chi pour chacun d'entre nous, et ce, dans n'importe quel espace fermé, chez soi ou au bureau. Cela sous-entend qu'un chi favorable pour une personne ne l'est pas forcément pour une autre.

À NOTER

Attention, faites bien la différence entre l'emplacement et la direction (ou l'orientation) :

› L'emplacement est l'espace dans lequel nous nous trouvons ou dans lequel est positionné un meuble.

› La direction est l'orientation vers laquelle nous nous tournons.

À noter également qu'en position allongée, le chi pénètre par la tête ; en position assise, pour manger ou travailler, il nous fait face.

Par exemple, sur le plan suivant, l'emplacement du bureau de Jean est situé au sud de la maison et est orienté vers l'est. Jean bénéficie donc de deux chi différents : celui du secteur sud et celui venant de l'est.

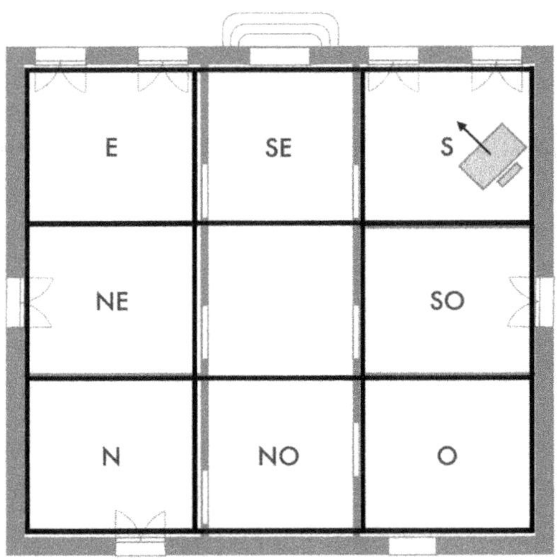

Les chi exercent des effets différents (et parfois radicalement différents) sur chacun d'entre nous. Certains sont propices pour dynamiser la santé, d'autres le relationnel ou les aspects professionnels, ou encore d'autres activités... Nous verrons comment les exploiter en détail avec le cas pratique p. 142.

Le principe des Huit demeures est d'**occuper le meilleur emplacement en fonction de l'activité concernée, puis de s'orienter vers la direction adéquate.** Tout le mobilier peut être positionné selon cette cartographie, et en particulier le lit et le bureau, les deux endroits où l'on passe le plus de temps et où le chi agit plus longtemps.

LES CONSEILS EN +

› Si vous faites construire une maison, vous pouvez ainsi tenir compte de votre gua pour orienter :
- la façade ;
- la porte principale ;
- la ou les porte(s) secondaire(s) ;
- les zones de circulation.

› Si vous achetez une maison ou cherchez une location, repérez où se situent vos secteurs favorables et ceux des autres membres de la famille, et vérifiez notamment si la porte d'entrée est orientée vers l'une de vos meilleures directions.

Les Maisons de l'Ouest et de l'Est

Les 8 guas se répartissent en deux groupes opposés appelés **Maisons (Est et Ouest)**, disposant chacun de **4 directions favorables et 4 directions défavorables** :
- les chiffres 1, 3, 4, 9 appartiennent aux Maisons de l'Est ;
- les chiffres 2, 6, 7, 8 appartiennent aux Maisons de l'Ouest.

Chaque gua a une personnalité qui lui est propre : il est associé à un élément (feu, terre, métal, eau, bois) et à un trigramme (voir

p. 54). Les guas interagissent entre eux en se complétant ou en partageant des caractéristiques semblables.

Calculez votre gua

Le calcul, assez simple, s'effectue à partir de l'année de naissance et du sexe.

- **Pour un homme né avant 2000 :** additionnez les deux derniers chiffres de l'année de naissance, puis réduisez le résultat pour obtenir un chiffre entre 1 et 9. Enfin ôtez le nouveau chiffre obtenu à 10.
  Exemple : Pierre est né le 3 mai 1978, ce qui donne : 7 + 8 = 15, qu'on réduit ainsi : 1 + 5 = 6, et enfin : 10 – 6 = 4.
- **Pour un homme né après 2000 :** procédez au même calcul, mais remplacez le 10 à la fin par 9.

- **Pour une femme née avant 2000 :** appliquez le même procédé que pour un homme né avant 2000, mais au lieu d'ôter le chiffre obtenu à 10, ajoutez-le à 5. Enfin, réduisez de nouveau le nombre obtenu si besoin.
  Exemple : Laurence est née le 25 juillet 1978, ce qui donne 7 + 8 = 15, qu'on réduit ainsi : 1 + 5 = 6, et enfin : 6 + 5 = 11, qu'on réduira une dernière fois : 1 + 1 = 2.
- **Pour une femme née après 2000 :** remplacez le 5 à la fin du calcul par 6.

À NOTER

Si le total final est 5, remplacez-le par 8 pour une femme et par 2 pour un homme. Le 5 est au centre, il n'a pas de direction. Il est donc remplacé par les chiffres qui ont le même élément que lui, la terre (le 8 et le 2).

Exemple pour une femme : Chloé est née le 3 septembre 1981, ce qui donne 8 + 1 = 9, puis 9 + 5 = 14 et enfin 1 + 4 = 5. Le gua 5 n'existant pas, il deviendra 8.

À VOUS DE JOUER : CALCULER VOTRE GUA !

› **Vous êtes une femme :**

1. Réduisez à un chiffre votre année de naissance : ....
2. Additionnez les chiffres du nombre obtenu si besoin : ....
3. Vous êtes née avant 2000 : .... + 5, votre gua est : ....
4. Vous êtes née après 2000 : .... + 6, votre gua est : ....

Si le résultat est 5, votre gua est : 8.

› **Vous êtes un homme :**

1. Réduisez à un chiffre votre année de naissance : ....
2. Additionnez les chiffres du nombre obtenu si besoin : ....
3. Vous êtes né avant 2000 : 10 – ...., votre gua est : ....
4. Vous êtes né après 2000 : 9–.............., votre gua est : ....

Si le résultat est 5, votre gua est : 2.

ATTENTION AUX PARTICULARITÉS DU CALENDRIER CHINOIS !

Comme la nouvelle année du calendrier chinois commence, selon les années, le 3, le 4 ou le 5 février, si vous êtes né avant ces dates-là, il vous faudra prendre comme année de référence l'année précédente. Exemple : si vous êtes né le 30 janvier 1982, selon le calendrier chinois, vous êtes né en 1981.
Reportez-vous au tableau ci-après : en face de chaque année est indiqué le premier jour de l'année chinoise (3, 4 ou 5 février). À vous de déterminer si vous êtes bien né l'année de votre naissance.

Vous pouvez télécharger ce tableau complété avec les guas par année.

1928	5	1952	5	1976	5	2000	4
1929	4	1953	4	1977	4	2001	4
1930	4	1954	4	1978	4	2002	4
1931	5	1955	4	1979	4	2003	4
1932	5	1956	5	1980	5	2004	4
1933	4	1957	4	1981	4	2005	4
1934	4	1958	4	1982	4	2006	4
1935	5	1959	4	1983	4	2007	4
1936	5	1960	5	1984	4	2008	4
1937	4	1961	4	1985	4	2009	4
1938	4	1962	4	1986	4	2010	4
1939	5	1963	4	1987	4	2011	4
1940	5	1964	5	1988	4	2012	4
1941	4	1965	4	1989	4	2013	3
1942	4	1966	4	1990	4	2014	3
1943	5	1967	4	1991	4	2015	4
1944	5	1968	5	1992	4	2016	4
1945	4	1969	4	1993	4	2017	3
1946	4	1970	4	1994	4	2018	3
1947	4	1971	4	1995	4	2019	4
1948	5	1972	5	1996	4	2020	4
1949	4	1973	4	1997	4	2021	3
1950	4	1974	4	1998	4	2022	4
1951	4	1975	4	1999	4	2023	4

Premier jour du calendrier chinois pour chaque année.

Les schémas suivants présentent les huit guas classés par Maisons de l'Est ou de l'Ouest. Vous pourrez les imprimer ou les photographier avec votre mobile pour vous y référer plus facilement.

MAISONS DE L'EST

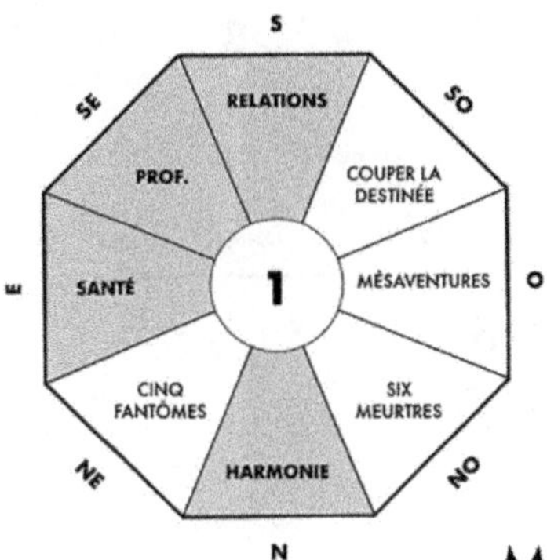

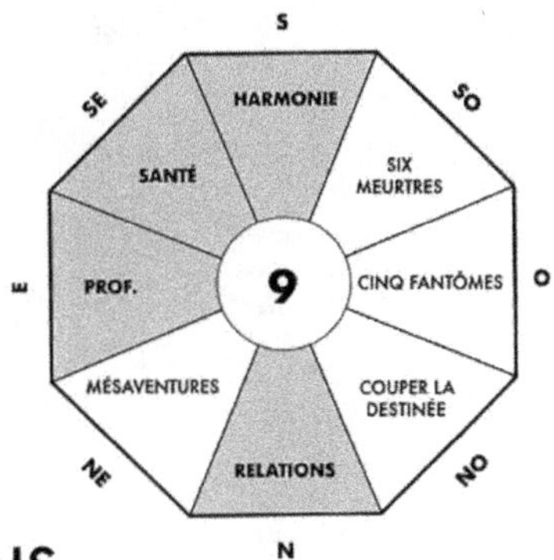

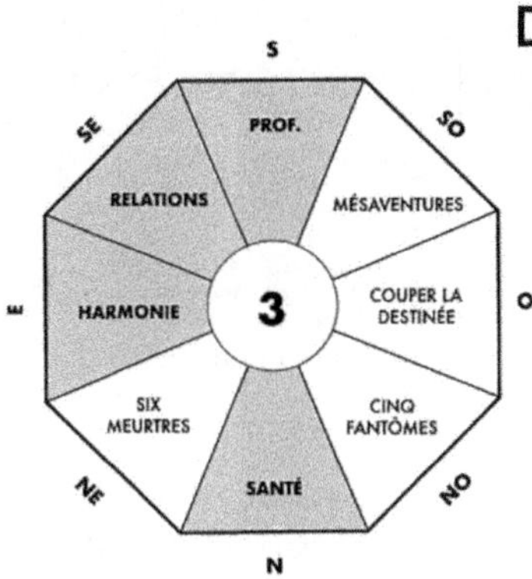

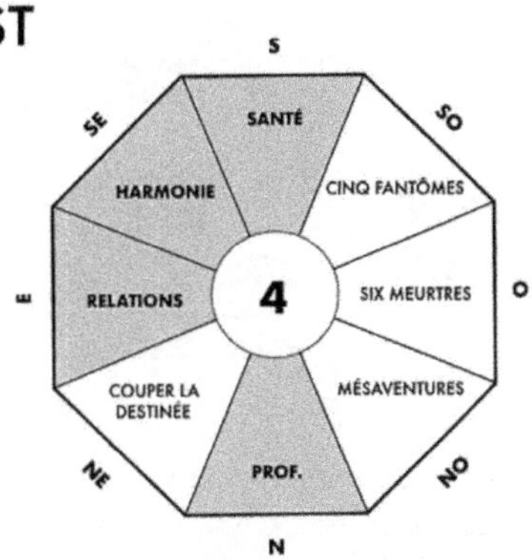

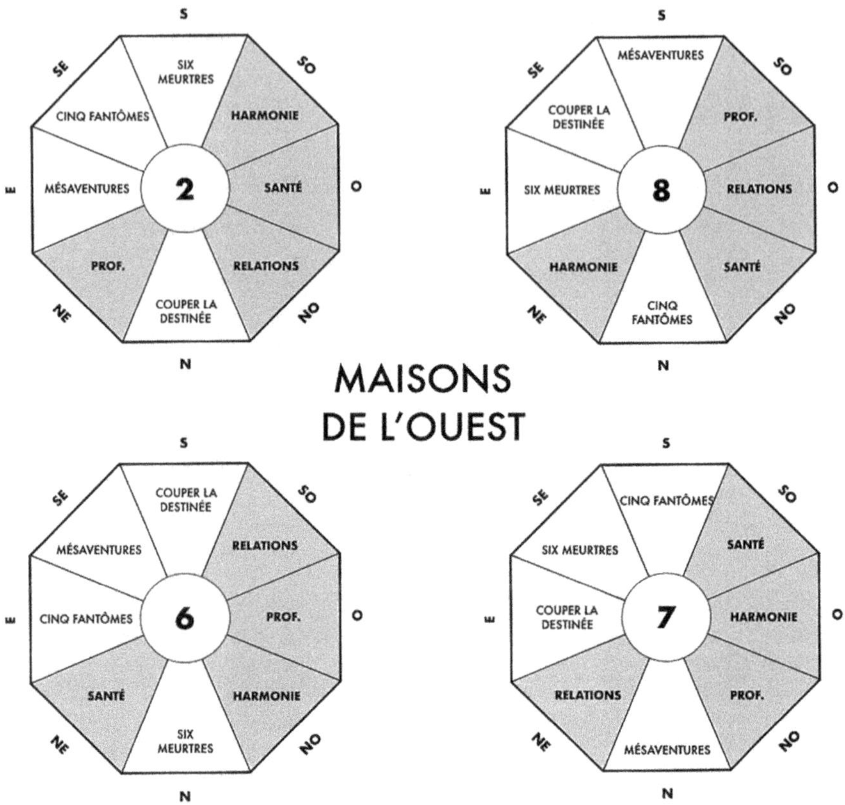

Les bons chi (harmonie, santé, relations, professionnel) apparaissent dans les zones grisées. Ce sont les appellations les plus communément utilisées dans les livres. Pour les chi à éviter, nous avons volontairement laissé les dénominations traduites du chinois (dont vous retrouverez l'explication p. 138-139).

Un peu de révisions !

Maintenant que vous connaissez votre gua, vous pouvez **l'associer à l'élément et au trigramme qui lui correspondent**. Vous rappelez-vous desquels il s'agit ? Remplissez le tableau suivant :

Gua	Élément	Trigramme	Secteur harmonie
1	Eau		
2	Terre		
3	Bois		
4	Bois		
6	Métal		
7	Métal		
8	Terre		
9	Feu		

Vous avez trouvé ? Bravo ! En effet, voici les bonnes réponses :

Gua	Élément	Trigramme	Secteur harmonie
1	Eau	Kan	Nord
2	Terre	Kun	Sud-ouest
3	Bois	Zhen	Est
4	Bois	Xun	Sud-est
6	Métal	Qian	Nord-ouest
7	Métal	Dui	Ouest
8	Terre	Gen	Nord-est
9	Feu	Li	Sud

LES GUAS ET LEUR PERSONNALITÉ

Il existe un gua eau (1) et un gua feu (9), deux gua bois (3 et 4), deux gua métal (6 et 7) et deux gua terre (2 et 8).

Gua 1, eau (trigramme Kan : l'eau)

Les personnes de gua 1 revêtent les caractéristiques du trigramme Kan afférent à l'eau. Elles sont intelligentes, souples, ouvertes d'esprit, aiment communiquer, jouer le rôle d'intermédiaire, se déplacer... autant de caractéristiques liées à la mobilité de l'eau. Elles possèdent du charisme et sont persistantes et tenaces. La part de l'émotionnel est forte, leurs pensées sont profondes et leur tristesse peut s'accompagner de moments de déprime. Si elles ont besoin d'être cadrées ou rassurées parfois, elles n'aiment pas que leur liberté soit entravée ni se sentir emprisonnées par les personnalités trop directives (comme la personnalité terre 2 et 8).

Gua 2, grande terre (trigramme Kun : la terre)

Des deux guas terre, celui-ci est le plus rigide, le plus stable, le plus résistant tel un rocher. Il renvoie aux personnalités conservatrices, protectrices et surprotectrices, aux réflexions qui s'élaborent lentement et qui donnent naissance aux actions mûrement réfléchies. L'initiative n'est pas leur fort. Ces personnalités peuvent être têtues, inflexibles et fermes, mais fiables à 100 %.

Gua 3, grand bois (trigramme Zhen : le tonnerre, l'éclair)

Personnalités vives (comme l'éclair), elles sont souvent initiatrices, courageuses et entreprenantes. Le revers : leur impulsivité et le manque de tenue dans leurs actions. Ces personnes ont un réseau amical puissant car elles sont protectrices et ont de la compassion, mais elles peuvent aussi se retrouver seules à cause de leur manque de souplesse (le tronc de l'arbre suit une seule direction verticale et ne peut se déplacer).

Gua 4, petit bois (trigramme Xun : le vent)

Personnalités souples et flexibles qui se lient d'amitié facilement (grande sociabilité, gentillesse et romantisme). Réservées, pleines de tact mais manquant d'assurance parfois, elles hésitent souvent. Esthètes, désireuses de nouveauté, de créer et d'entreprendre, elles ne s'embarrassent pas de cadres, qu'elles contournent facilement. Elles aiment les voyages et la littérature.

Gua 6, grand métal (trigramme Qian : le ciel)

Ce gua tranche comme la hache ou l'épée. Il préfère diriger plutôt que d'occuper des postes de subalterne ; charismatique et fier, c'est un excellent leader. Il n'aime pas se laisser marcher sur les pieds. Il est déterminé et sans cesse dans l'action. Son jugement, souvent perçu comme un diktat, est acéré comme la lame d'un couteau et manque parfois de discernement. Le 6 est un ami loyal, mais il peut sembler radical et péremptoire, ce qui l'éloigne de ses congénères.

Gua 7, petit métal (trigramme Dui : le lac, le marais)

À la différence de son homologue métal, le 7 présente une personnalité plus « malléable » (comme certains métaux qui peuvent être forgés) et matérialiste. Plutôt sensible à son apparence extérieure, il est attiré par ce qui brille. Comme le corbeau de la fable, il sait bien parler et communiquer pour obtenir ce qu'il souhaite, mais sa parole n'est pas tissée que de fil d'or.

Gua 8, petite terre (trigramme Gen : la montagne)

La différence avec le 2, son homologue ? Sa souplesse et sa modestie. Le gua 8 est un excellent réalisateur qui s'applique à sa tâche. Doté d'un esprit pragmatique, il aime agir rapidement plutôt que d'élaborer des concepts. Il est attiré par la connaissance. Tout le monde l'aime bien car il sait rendre service et mettre son ego dans sa poche. À cause de son hypersensibilité, il a du mal à exprimer son intériorité.

Gua 9, feu (trigramme Li)

Ces personnes ont les qualités du feu : chaleureuses, exubérantes. Elles dispensent beaucoup d'énergie pour les autres. Leur esprit est vif et intelligent, ce qui leur permet de saisir les choses complexes très rapidement. Elles aiment rayonner en société et être l'objet de tous les regards. Leur ego aime être flatté et respecté. De nature passionnée, ces personnalités parlent vite, sont impatientes et peuvent s'emballer rapidement, vivre des émotions exaltées qu'elles peinent à maîtriser.

LA COMPATIBILITÉ ENTRE LES GUAS

Ce tableau indicatif sert à comprendre le fonctionnement entre deux guas. Vous y trouverez des informations importantes, mais qui ne seront jamais aussi précises que celles fournies par une étude astrologique des Huit signes du destin (ou Ba zi) qui permet de dresser un portrait authentique de la personne.

	EAU	BOIS	FEU	TERRE	MÉTAL
EAU	S'entendent très bien : les eaux se mélangent.	Relation constructive : l'eau nourrit le bois.	L'eau contrôle le feu. Relation qui peut fonctionner ou pas, tout dépend des personnalités.	L'eau ne recherche pas le contrôle de la terre qui la canalise, ce qui est en opposition avec sa vraie nature.	Relation constructive : le métal nourrit l'eau.
BOIS	Le bois est nourri par l'eau : la relation est constructive.	Les bois s'entendent bien entre eux, surtout les 4 avec les 3. Cela est moins vrai entre deux bois durs (3).	Le bois nourrit le feu : bonnes relations.	Attention aux conflits, surtout entre le bois dur (3) et la terre dure (2).	Le bois est contrôlé par le métal : la relation peut être très difficile.
FEU	Le feu et l'eau ne font pas bon ménage, sauf si la personnalité de l'eau fait des efforts en la mettant en sourdine.	La relation est constructive.	Deux personnalités feu s'entendent parfaitement.	Bonne relation constructive entre les deux.	Une personne feu fera fondre une personnalité métal (relation de contrôle). Ce type de relation n'est pas forcément incompatible.

TERRE	Une personnalité eau n'aimera pas être contrôlée par une personnalité terre, et surtout pas par une terre dure (2).	Relation de contrôle (la terre est contrôlée par le bois) ; à éviter, donc.	La relation est productive.	La relation entre deux personnalités terre est compatible.	En général, la relation est constructive.
MÉTAL	Le métal soutient l'eau : la relation est constructive.	Relation de contrôle : le bois ne supportera pas d'être découpé par le métal. C'est au métal de faire des efforts pour équilibrer la relation.	Les personnalités métal dur (6) résistent mieux à la chaleur du feu que les personnalités métal souple (7) « qui fondent ».	La relation est constructive.	La relation n'est pas de tout repos.

LES HUIT QUALITÉS DE CHI

Pour chacun des neuf guas, il existe huit qualités de chi, chacune ayant ses propres particularités. Quatre sont bénéfiques et quatre sont néfastes. Bien les connaître vous permettra de tirer parti au mieux de vos espaces en optimisant vos chances de réussite.

Les chi bénéfiques

Les quatre meilleurs emplacements ou orientations ne se valent pas ! Ils présentent chacun des qualités très nuancées qui peuvent être exploitées en fonction des situations.

Passons en revue les différents chi bénéfiques. Entre parenthèses figure chaque fois le terme chinois que vous retrouverez dans d'autres ouvrages.

- **PROFESSIONNEL ou GÉNÉRER LA VIE (Sheng chi).**

Sheng chi signifie « le souffle générateur ». Cette énergie de croissance est le chi le plus puissant pour utiliser au maximum son potentiel vital, pour se connecter à son yang, pour dynamiser son activité, la rendre florissante. Il est question ici d'expansion, de développement et de puissance, d'acquisition de biens financiers.

Selon l'activité professionnelle, on peut décider d'installer son bureau dans le secteur « Sheng chi » de la maison.

- **SANTÉ ou DOCTEUR DU CIEL (Tian yi).**

Ce chi appelé « docteur du ciel » favorise la récupération lorsqu'on est malade. Orientez-vous vers cette direction pour faire des choix perspicaces ou avoir un conseil avisé afin de débloquer une situation, par exemple une procédure juridique. Il est question ici d'être bien guidé, bien conseillé, d'attirer à soi les bonnes réponses. Parfaite également pour méditer sur une problématique...

- **RELATIONNEL ou LONGUES ANNÉES (Yan nian).**

Pour entretenir et faire durer l'harmonie dans les relations, qu'elles soient amoureuses, familiales ou professionnelles. Cette énergie permet de mieux communiquer avec les autres.

- **HARMONIE ou POSITION (Fu wei).**

Comme son nom l'indique, c'est l'énergie de l'harmonie la plus propice pour se ressourcer, atteindre l'équilibre intérieur (pour apaiser un enfant turbulent, par exemple) ou, au travail, pour faire redescendre le stress.

La chambre peut être placée dans ce secteur pour un sommeil réparateur et le lit orienté vers cette direction. Idéale pour les méditations relaxantes.

Les chi néfastes

Les quatre types de chi décrits ci-dessous sont à éviter car chacun, à sa manière, apporte des désagréments plus ou moins importants. Quels sont-ils ?

- **MÉSAVENTURES (Huo hai).**

Le plus faible de ces quatre chi néfastes. Cette énergie génère de petits désagréments, des disputes, de petits accidents, des contretemps : un courrier important qui se perd, des retards ou des erreurs administratives, des amendes... en somme, rien de catastrophique ni d'insurmontable !

- **CINQ FANTÔMES (Wu gui).**

Ce chi apporte des soucis de santé, des disputes, des trahisons parfois sous forme de commérages ou de scandales, des incendies, des cambriolages ou des vols...

- **SIX TUEURS (Liu sha).**

Cette énergie est celle de la malchance dont on ne voit jamais le bout avec ses problèmes récurrents, échecs sentimentaux à répétition, maladies chroniques, difficultés pour concevoir... On ne tire pas de leçons des événements, bien au contraire. Au bout du compte, cela peut affecter la santé ou rendre dépressif. À éviter, donc !

- **COUPER LA DESTINÉE (Jue ming).**

C'est l'énergie la plus défavorable qui amène les événements les plus malheureux (divorce, catastrophe de tous genres, faillite importante, échecs...). Bref, mieux vaut éviter de s'installer longtemps dans ce secteur ou de faire face à son « Jue ming ».

COMMENT SE PROTÉGER DES CHI NÉFASTES ?

› Placer les pièces les moins utilisées dans les secteurs néfastes (c'est un principe de précaution) : les toilettes, la salle de bains, les espaces de rangement (buanderie, placards, etc.).
› Privilégiez les orientations favorables pour la porte d'entrée, la tête de lit et le bureau si vous travaillez chez vous.

Évidemment, il faut nuancer l'impact de ces chi en fonction des personnes ! En effet, nous ne réagissons pas tous de la même façon. Nos prédispositions naturelles de résistance ainsi que les expériences que nous accumulons ne nous rendent pas égaux face aux événements.

Utilisez les bons chi en fonction de votre activité

Il est important que vous utilisiez les chi à bon escient, c'est-à-dire en fonction de l'activité concernée.

Par exemple, l'énergie « Sheng chi » (voir p. 139), communément nommée « professionnelle », est **particulièrement puissante et énergisante**, et c'est également une énergie qui stimule la croissance de toutes choses de manière exponentielle, qu'elles soient bonnes ou mauvaises.

J'ai remarqué à plusieurs reprises que cette direction ne profite pas aux gens dont le sommeil est perturbé par les pensées récurrentes, ce parce qu'elle a la capacité d'amplifier plutôt que de calmer. Dans ce cas, mieux vaut se tourner vers la direction d'harmonie (Fu wei, voir p. 140), plus apaisante.

LE CONSEIL EN +

Comme rien n'est tout à fait blanc ou noir, je vous invite à tester ces directions et à en apprécier les différentes qualités. Vous vous rendrez rapidement compte de l'incroyable justesse de cette science*.

À noter enfin que les pièces concernées par cette méthode sont celles :

- où nous passons le plus de temps (la chambre, le bureau) ;
- par où entre le chi qui nourrit la maison (l'entrée).

CAS PRATIQUE

Indiquons sur le plan que nous avons déjà pris comme exemple, les meilleurs secteurs pour le groupe de l'Ouest et pour le groupe de l'Est.

---

* Nous n'aborderons pas ici le niveau supérieur du Ba zhai, qui rajoute des directions favorables complémentaires aux quatre orientations décrites plus haut.

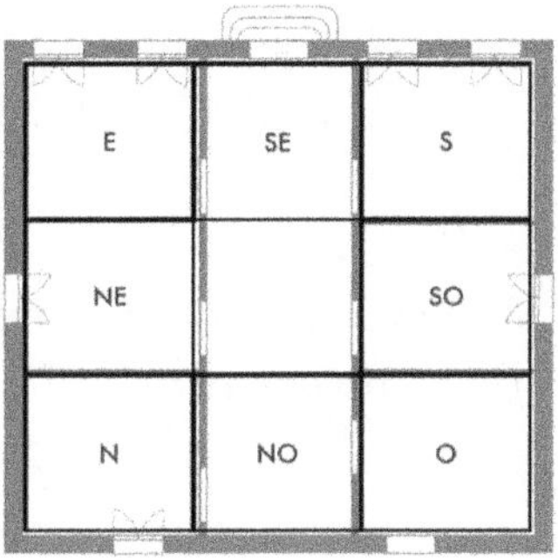

Si votre gua appartient au groupe de l'Est, vos meilleurs secteurs seront donc situés dans les zones est, sud-est, sud et nord. Idéalement, votre entrée, votre chambre et votre bureau (si vous travaillez chez vous) ainsi que les pièces où vous passez le plus de temps devraient se trouver dans ces secteurs. Et inversement pour les gua du groupe de l'Ouest.

À NOTER

Le centre est un secteur qui convient aux deux groupes.

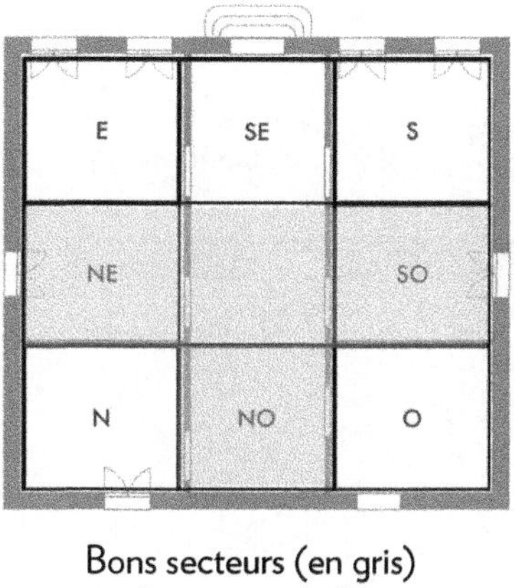

Bons secteurs (en gris) pour le groupe de l'Ouest

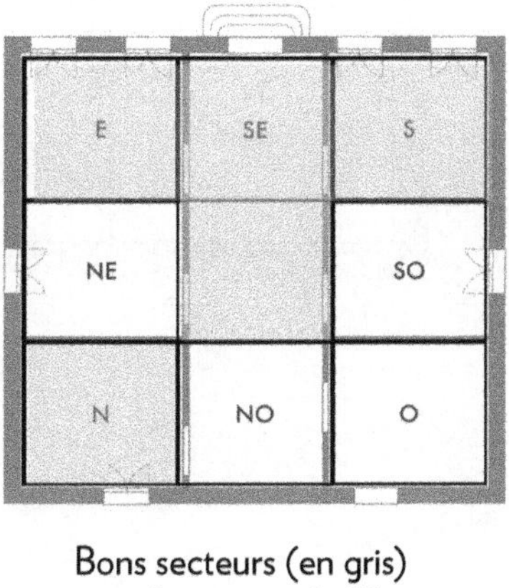

Bons secteurs (en gris) pour le groupe de l'Est

Pour analyser plus précisément comment chacun d'entre nous entre en interaction avec les chi de la maison, précisons que le gua de Jean est 3.

Ci-après figure le plan avec le mobilier sur lequel nous avons positionné la grille du loshu orientée.

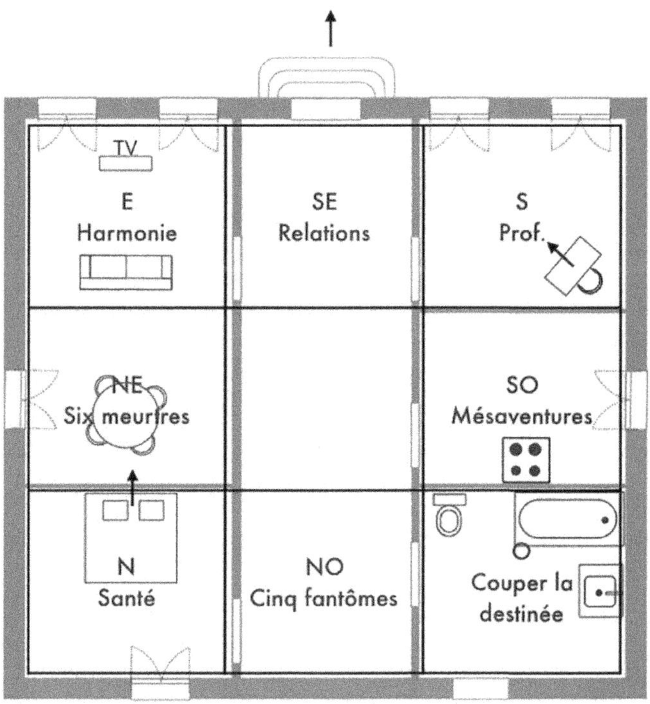

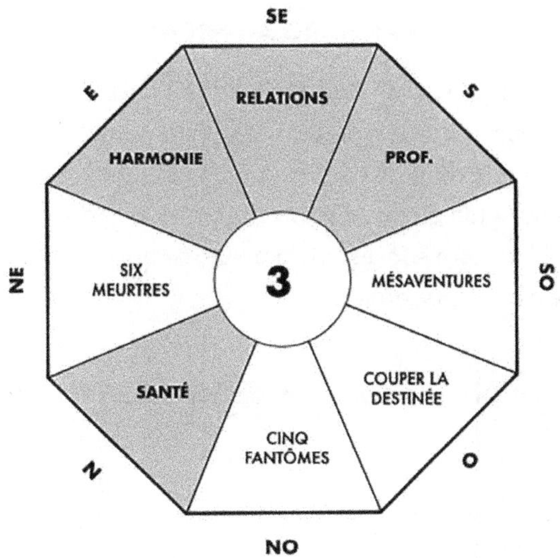

Les zones grisées indiquent les meilleurs emplacements et orientations de Jean.

Regardons où sont situées les pièces les plus importantes :

- l'entrée est située dans le secteur sud-est (celui des relations pour un gua 3) et orientée vers le sud-est ;
- la chambre est au nord, dans le secteur santé ;
- le bureau est au sud, dans le secteur professionnel.

Ces emplacements sont très favorables selon les règles de cette méthode.

DU MACRO AU MICRO

Le feng shui agit sur le plan général de l'habitation, mais aussi sur le plan local pour une pièce. Ce qui est valable pour le grand l'est aussi pour le petit ! Il est ainsi possible d'appliquer la grille du loshu sur une seule pièce. Dans la chambre, le lit de Jean est donc situé dans le secteur sud-est de la pièce, ce qui redouble les effets positifs de cet emplacement.

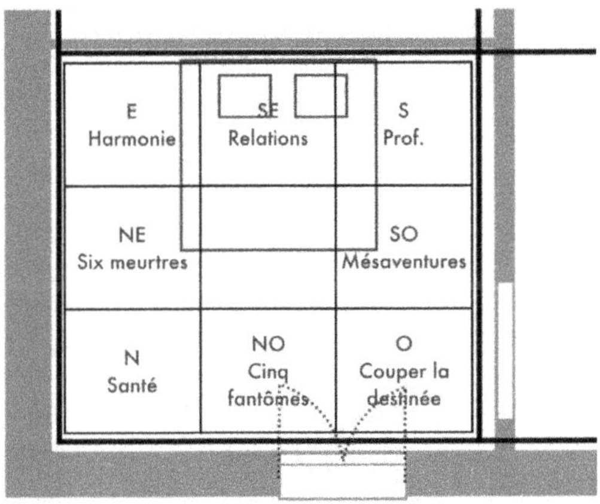

Les autres pièces sont situées dans les autres secteurs défavorables, ce qui est parfait. La salle de bains et les toilettes sont dans le secteur « Couper la destinée » et la cuisine avec ses plaques de cuisson est dans « Mésaventures » : l'impact de ces deux chi est donc limité puisque ce sont des pièces dans lesquelles nous passons peu de temps et parce que le feu utilisé dans la cuisine transforme le chi.

Comme Jean n'utilise jamais sa salle à manger, cela n'est pas très important qu'elle soit située dans un mauvais secteur.

Les orientations :

- le chi qui entre par la porte d'entrée provient du sud-est (le relationnel de Jean) ;
- la tête de lit est également orientée vers cette direction, tout comme le canapé du salon ;
- enfin, le bureau est orienté vers l'est, qui est l'harmonie de Jean.

Ces directions sont donc elles aussi très favorables globalement.

Profil de Jean

Jean a une trentaine d'année. Il est célibataire et travaille à domicile dans l'événementiel. Il a beaucoup de relations, car il s'investit dans de nombreuses activités à l'extérieur de chez lui. Il a une vie nocturne également très riche. Pourtant, son activité professionnelle ne bat pas son plein.

Pour la développer, la solution serait d'orienter son bureau en direction de son relationnel (sud-est) ou de son professionnel (sud).

Son lit étant lui-même dirigé vers son relationnel, on pourrait en conclure qu'il a une relation de couple équilibrée, ce qui n'est pas le cas puisque ses relations amoureuses ne durent pas. À ce stade de l'étude, et parce qu'on a atteint les limites de la technique des Huit demeures, il faudra envisager la question sous l'angle du temps : en tenant compte du temps passé dans chaque pièce de la maison ainsi que de l'impact des Étoiles volantes.

Comme vous avez pu le constater, le système des Huit demeures est assez simple ; vous pouvez maintenant l'appliquer chez vous.

Chapitre 9

Des étoiles qui volent

L'énergie, à l'image de la nature, passe par des phases de croissance et de décroissance. Tout est soumis à l'épreuve du temps. Le feng shui, c'est aussi la prise en compte du temps associé aux caractéristiques de l'espace.

La méthode des Étoiles volantes est sans doute la Rolls Royce du feng shui ! Impossible d'en faire l'impasse. Elle permet de découvrir les potentialités énergétiques en jeu dans l'habitation et comment elles peuvent nous affecter positivement ou négativement selon les circonstances et en fonction du moment.

Cette carte d'identité énergétique est fixée au moment où la maison est achevée de construire. Elle est donc établie avec la période de construction et l'orientation de la façade.

COMMENT CETTE CARTE ÉNERGÉTIQUE SE MANIFESTE-T-ELLE ?

S'il est inscrit dans la « carte énergétique » de la maison ou de l'appartement des prédispositions pour devenir écrivain et célèbre, il n'est pas dit que celles-ci se manifestent, surtout si l'écriture n'est pas l'objectif de votre existence ! Il faut donc qu'un certain nombre de paramètres soient alignés pour qu'il y ait activation :

- En premier lieu, une motivation : celle d'écrire ! C'est le **facteur humain**.
- Le **moment adéquat dans votre vie** ou la période propice, qui peut être un mois, une année ou un cycle de dix ans... Cette information sera donnée par l'astrologie des Huit signes du destin (Ba zi) et par les étoiles temporelles qui changent tous les jours, tous les mois et tous les ans. La mise en place d'une action durant la mauvaise période énergétique sera comme une dépense inutile d'énergie... Rappelez-vous : agir au bon moment, au bon endroit... et avec la bonne action.
- Votre présence dans la pièce occupée par l'étoile d'écriture (en l'occurrence, l'étoile 4) : il est préférable que ce soit un bureau plutôt que des toilettes ou une pièce dans laquelle vous n'allez pas. Il est bien question **d'occuper le lieu, de l'investir physiquement**, selon le principe de l'interaction des chi (voir p. 41).
- **Que les étoiles ne soient pas perturbées par l'environnement extérieur et/ou la configuration de la pièce :** elles sont en effet très sensibles aux formes, aux matériaux, aux couleurs. Le feng shui intervient sur ces paramètres.

POURQUOI « VOLANTES » ?

C'est le système de calcul qui fait voler les étoiles d'une case à une autre en suivant le chemin du loshu (voir p. 65). Ce terme met l'accent sur le caractère mouvant et temporel des étoiles.

LE DÉCOUPAGE CIRCULAIRE DU TEMPS

Le temps est divisé en 9 périodes de vingt ans qui composent, au total, un cycle complet de 180 années (9 x 20). Nous terminons actuellement la 8e période commencée en 2004. En 2024 arrivera la période 9.

Les 9 périodes	1	2	3	4	5	6	7	8	9
De à	1864 1884	1884 1904	1904 1924	1924 1944	1944 1964	1964 1984	1984 2004	2004 2024	2024 2044

Déterminer la période de sa maison

L'étoile du temps qui détermine la période de votre maison est **celle de son année de construction**, qui correspond en général à l'année d'achèvement des travaux.

Comme année de référence, on peut également prendre **l'année d'emménagement, ou de signature du bail ou de l'acte de vente** selon les informations que l'on souhaite obtenir.

Pour une location dans un immeuble, l'année de construction de l'immeuble permet de donner des informations générales sur l'historique du bâtiment et son influence sur l'ensemble des logements, tandis que l'année d'emménagement concernera directement la vie du locataire ou du propriétaire de l'appartement.

Ainsi, une maison construite en 2008 entrera dans la période 8. L'étoile 8 qui gouverne la période actuelle est la plus puissante des étoiles, et également la meilleure jusqu'en 2024. Son énergie est donc déclinante puisqu'il ne reste que quelques années avant qu'elle ne cède sa place à l'étoile 9.

MONTER LA GRILLE DES ÉTOILES VOLANTES DE SON HABITATION

Il suffit d'**associer l'année de construction de la maison ou de l'immeuble avec l'orientation de la façade** (voir p. 155).

Voyez ci-après un exemple de grille d'étoiles pour un bâtiment orienté vers le sud 2 (172,5°-187,5° – voir le tableau récapitulatif des secteurs p. 118) et construit en 2006 (période 8).

À NOTER

Dans un but de simplification, je n'expliquerai pas dans cet ouvrage comment monter une grille. À la fin de ce chapitre, vous trouverez une liste d'ouvrages qui vous expliqueront la technique. Je vous propose de vous référer directement aux grilles que je vous ai préparées et que vous pourrez télécharger (voir p. 236) : vous y retrouverez les diagrammes pour les maisons des périodes 7 (1984-2004), 8 (2004-2024) et 9 (2024-2044).
Il existe également des calculateurs que vous pouvez consulter sur Internet, moyennant un abonnement (par exemple sur le site www.marip.com).

Façade

↑

3 4 7	8 8 3	1 6 5
2 5 6	4 3 8	6 1 1
7 9 2	9 7 4	5 2 9

Grille pour une façade Sud 2
en période 8 (2004-2024)

La grille ci-avant est montée pour une orientation sud 2 (172,5°-187,5°). Sur les grilles que vous téléchargerez en annexe, vous remarquerez qu'il existe 3 grilles pour chaque point cardinal : la grille 1, la grille 2, et la grille 3. De par la méthode de calcul, les deux dernières seront toujours identiques : elles présentent en effet la même disposition d'étoiles. La grille sud 2 sera donc identique à la grille sud 3.

L'étoile de la période, 8, apparaît au centre. Elle « vole » ensuite dans chaque case en suivant le principe du loshu (voir p. 65).

C'est à vous, maintenant ! Déterminez l'année de construction de votre habitation ou celle de votre emménagement.

À NOTER

L'année de construction de votre maison figure en général sur l'acte de vente ; celle de votre immeuble est parfois indiquée sur sa façade, à côté de la porte d'entrée ou du porche. Lorsque vous êtes locataire, le syndic ou le propriétaire peuvent vous renseigner. Sans cette indication, il est impossible de monter une grille d'étoiles. C'est aussi pour cela que de nombreux praticiens réalisent leurs grilles en tenant compte de la date d'emménagement.

PEUT-ON MODIFIER UNE GRILLE D'ÉTOILES VOLANTES ?

Lorsque la grille n'est pas fameuse, il est possible de changer la période de la maison afin d'obtenir une nouvelle grille :

› En retirant le toit : une nouvelle énergie venue du ciel remplira l'espace vacant entre les murs. Elle sera de nouveau scellée une fois la toiture posée. Certains praticiens conviennent que cet apport d'énergie ne peut avoir lieu que s'il pleut dans la maison.

› Certaines écoles considèrent que de gros travaux (de type gros œuvre) peuvent également modifier la configuration du chi à l'intérieur de la maison : dépose de cloisons, construction d'une extension…

› Une période d'inoccupation qui varie, selon les maîtres, de trois mois à un an ou plus.

› Le changement d'orientation de la porte d'entrée peut également modifier une grille.

Mais il est parfois impossible de modifier la grille d'un appartement, surtout lorsque le toit de l'immeuble est un toit-terrasse…

L'orientation de la façade

Maintenant, il s'agit de déterminer où doit s'effectuer la mesure. C'est en général l'orientation de la « façade » du bâtiment qui est relevée.

La façade est l'endroit d'où provient le chi principal, le flux énergétique qui nourrit l'habitation. Attention, l'orientation de la façade n'est pas forcément celle de la porte d'entrée.

Quel mur choisir ?

- La façade principale se distingue des autres murs parce qu'elle est ouverte sur l'environnement le plus yang (en général, c'est le mur avec le plus d'ouvertures qui font rentrer le plus de chi). Si la porte d'entrée est alignée sur cette façade, vous pouvez effectuer le relevé devant la porte.
- La façade peut être orientée vers :
  - le côté de la maison qui présente une dépression, une pente qui accélère le chi ;
  - un espace dégagé (un jardin, un parc) ;
  - un environnement yang (une route, du bruit comme une école, le côté le plus lumineux).

En fonction de sa configuration, la façade principale de l'appartement n'est pas forcément la même que celle de l'immeuble. En effet, si la majorité des fenêtres de l'appartement sont disposées à l'arrière ou sur les côtés du l'immeuble, c'est là que se trouvera la façade à prendre en compte pour effectuer la mesure de l'orientation. Attention de bien vérifier d'où provient la source de chi principal !

Une fois les deux données collectées (année de construction et orientation de la façade), vous pouvez vous référer à la grille d'étoiles correspondante.

La superposition de la grille sur le plan d'habitation

La grille est ensuite superposée au plan de l'habitation.

Dans la méthode simplifiée, il suffit juste de **reporter les étoiles dans chaque case du loshu en prenant soin de déplacer les bonnes étoiles au bon endroit**.

Continuons avec notre exemple de la maison de Jean : la façade de la maison est orientée sud-est 2 (136°). Elle a été construite en 1856, sa période est donc 9. Reportez-vous aux grilles que vous aurez téléchargées et sélectionnez la grille 9, sud-est 2.

Façade

2 7 8	6 3 4	4 5 6
3 6 7	1 8 9	8 1 2
7 2 3	5 4 5	9 9 1

Grille pour une façade sud-est 2
en période 9 (1844-1864)

Reportez ensuite les étoiles sur le plan de la maison, en n'oubliant pas de décaler d'une case vers la droite pour aligner la case sud-est à gauche avec la case de la façade orientée sud-est à droite.

Façade sud-est ↖

2 7 8	6 3 4	4 5 6
3 6 7	1 8 9	8 1 2
7 2 3	5 4 5	9 9 1

Façade sud-est ↑

3 6 7	2 7 8	6 3 4
7 2 3	1 8 9	4 5 6
5 4 5	9 9 1	8 1 2

↑
Façade sud-est 2

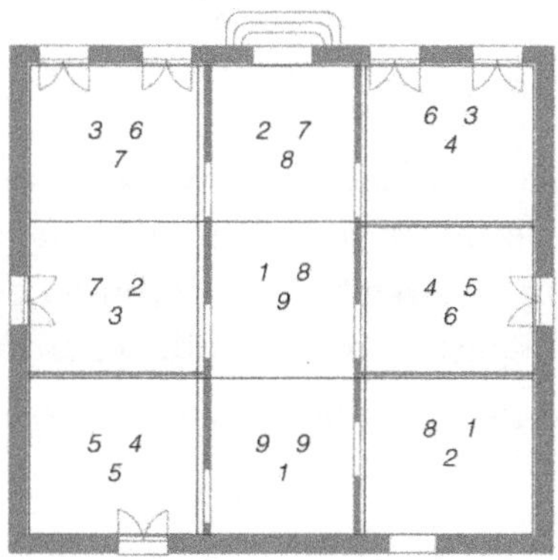

LES ÉTOILES TEMPORELLES : COMMENT LES UTILISER ?

Il est possible de solliciter les étoiles en fonction de l'objectif que l'on a défini :

› Étoile annuelle : pour inscrire une action dans la durée, orienter son bureau vers la bonne étoile annuelle.

› Étoile mensuelle : pour préparer un examen proche dans le temps.

› Étoile journalière : pour signer un contrat immobilier.

Pour une bonne compréhension du fonctionnement des étoiles, je vous conseille d'utiliser les calculateurs en ligne ou d'approfondir la question au moyen des ouvrages que je vous recommanderai à la fin.

Déchiffrer les étoiles dans la grille

Dans notre exemple, prenons le carré situé au sud-est. Le principe est le même pour tous les carrés.

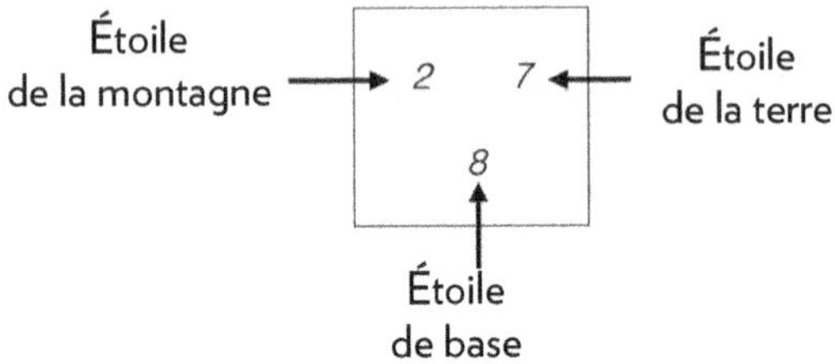

L'**étoile de l'eau** est située à droite de la case (ici, c'est le 7). Elle est générée par le chi provenant de la façade du bâtiment : elle concerne tout ce qui a trait à l'activité des habitants, leurs finances, leur prospérité, leur travail. Les caractéristiques sont extérieures, donc plutôt yang. (Rappelez-vous : l'eau est mobile, active.)

L'**étoile de la montagne** est située à gauche (le 2). Elle est générée par le chi provenant de l'assise ou l'arrière du bâtiment : elle concerne la santé, l'harmonie relationnelle et familiale, la spiritualité, le monde intérieur. Les caractéristiques sont intérieures, donc plutôt yin. (La montagne est immobile.)

L'**étoile de base** (le 8) correspond au chiffre de la période qui a tourné depuis le centre (9). Elle ne nous sert pas pour l'interprétation.

Interpréter les étoiles

Le tableau suivant décrit la nature des 9 étoiles en période 8 (2004-2024) :

Étoiles	Faste en période 8	Néfaste en période 8	Caractéristiques en période faste	Caractéristiques en période néfaste
1	X		Sagesse, intelligence, savoir.	Séparation, divorce, cécité.
2		X	Fertilité, force physique et santé.	Fausses couches, veuvage, affections gastriques, maladie grave.
3		X	Parole (avec la notion de savoir), richesse, puissance, abondance, effet déclencheur.	Asthme, poursuites judiciaires, disputes, vols, obstacles, rumeurs, problème hépatique.
4	X		Savoir, littérature, réussite scolaire et littéraire, idylles amoureuses.	Mensonges, relation adultère, faits scandaleux.
5		X	Prospérité, succès, charisme.	Malheurs, catastrophe financière, maladie, accidents, procès.
6	X		Autorité, reconnaissance, réputation, leadership.	Solitude, égoïsme, despotisme, maux de tête.
7		X	Gains financiers réguliers, parole (avec la notion de flatterie, de mensonges, sans authenticité).	Vol, blessures, accidents de voiture, incendie (combiné avec le 9).
8	X		Prospérité, productivité, célébrité, altruisme.	Maladie osseuse, égoïsme, solitude, enfants blessés.
9	X	X	Promotion, grandes réussites, succès.	Incendie, maladies oculaires, folie, extrémisme, passions délirantes, colères.

Les étoiles ne sont ni bonnes ni mauvaises en soi comme on peut le lire en général dans les livres. Leur personnalité se manifeste en fonction du temps. Rien n'est tout noir ou tout blanc. Elles se combinent entre elles et avec les étoiles temporelles, et le principe est d'**activer celles qui nous intéressent pour réaliser nos projets**.

Vous avez sans doute compris que **toutes les étoiles ont une personnalité reliée aux trigrammes** : reportez-vous à la page 54 pour consulter les informations essentielles les concernant. Les étoiles sont ainsi reliées à une personnalité humaine, une couleur, une saison, un type de profession, une zone du corps, des objets, une architecture de bâtiment, une forme de paysage, etc. Vous pourrez retrouver toutes ces informations dans de nombreux ouvrages qui en font le détail.

Par exemple, l'étoile 2 n'est pas considérée comme bonne actuellement en période 8 parce que son énergie est morte. On a coutume de dire que c'est l'étoile qui amène la maladie, les problèmes d'estomac, les difficultés pour concevoir un enfant ; lorsqu'elle est associée à d'autres étoiles comme la 1, elle est également souvent à l'origine des séparations de couple. Ses qualités (fertilité, productivité, santé physique...) se transforment alors en défauts. Ce premier niveau d'interprétation assez basique est facile à comprendre.

Cette étoile peut aussi être utilisée d'une autre manière beaucoup plus pertinente : le 2 nous parle de santé, elle intéressera donc les professions de santé, les médecins, les spécialistes du soin à la personne ; le 2, qui est associé à l'élément de la terre (voir p. 55), nous parle aussi de productivité ; elle concernera donc aussi les professionnels de l'agriculture et de l'immobilier.

Ainsi, la présence d'une étoile d'eau 2 dans la maison d'un médecin, et plus particulièrement s'il a un cabinet médical chez lui, se manifestera de manière positive car l'énergie de l'étoile sera « occupée » ou « consommée » favorablement sans être contrariée.

On peut dire que **l'action humaine est en accord avec l'énergie de l'étoile qui lui correspond.** Le principe feng shui de l'interaction de l'habitant avec son espace prend ici tout son sens. Que se passe-t-il, une fois à la retraite ? Il est alors possible que cette étoile agisse de manière néfaste, car l'activité humaine ne sera plus en accord avec elle. Encore une fois, rien d'irrémédiable ni d'automatique en feng shui, mais il est clair qu'il y a plus de chance qu'une personne malade soit davantage touchée par les énergies du 2.

Vous comprenez maintenant pourquoi **définir un objectif précis à atteindre est important pour faire un bon feng shui**.

Dans le cas du médecin, il faudra exploiter les qualités du 2 pour obtenir des résultats, en tenant compte de plusieurs paramètres :

- Orienter le bureau vers la bonne étoile d'eau (ou de façade) ; ici, le 2.
- Selon les cas, choisir la pièce dont la porte d'entrée est orientée vers ce 2 pour qu'elle amène son énergie.

En croisant avec la méthode des Huit demeures (Ba zhai), il faudra en plus positionner et orienter le bureau vers ses emplacements et directions favorables (harmonie, santé, relationnel, professionnel).

Prenons la grille de l'exemple page 157. Dans la grille, le 2 apparaît trois fois (comme dans toutes les grilles) :

- dans le palais de l'ouest, en tant qu'étoile de base ;

- au sud-est, c'est l'étoile de montagne ;
- l'étoile qui nous intéresse, c'est l'étoile d'eau liée à l'activité, à la profession. Elle est située au nord-est. Cela veut dire que le chi venant de cette direction est coloré par l'énergie du 2.

Vous pouvez maintenant orienter le bureau vers le nord-est pour bénéficier de l'étoile 2 comme sur l'illustration.

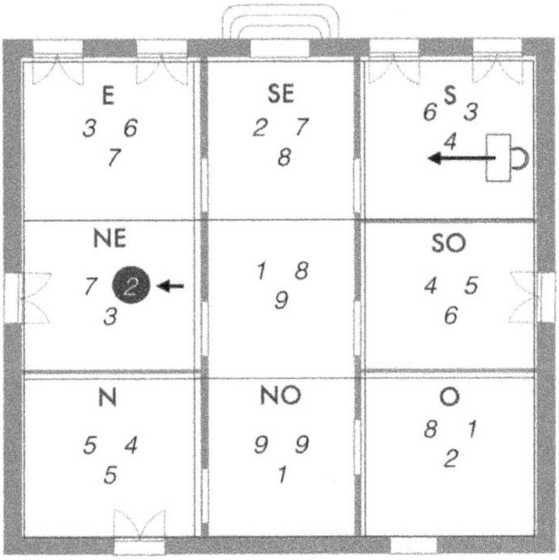

Avec un peu d'habitude, vous arriverez à tout coordonner !

ENTRÉE EN ACTION DES ÉTOILES TEMPORELLES

Vous vous êtes déjà posé la question de savoir pourquoi certaines années sont plus propices que d'autres aux événements heureux ou malheureux ? Le feng shui des Étoiles volantes l'explique tout simplement par le fait que **les étoiles de votre habitation combinent avec les étoiles temporelles**, annuelles, mensuelles, journalières et horaires, renforçant la personnalité faste ou néfaste de l'étoile qui a provoqué l'événement.

Voici un cas pratique pour mieux comprendre.

Portrait

Mathieu travaille comme maquilleur pour une grande agence de stylisme parisienne et il est collectionneur d'art. Sur les conseils d'une amie, il vient me consulter en début d'année 2018 car il redoute les événements à venir. Il souhaite comprendre ce qui lui est arrivé.

En 2016, l'année de l'acquisition de sa maison, alors qu'il est en déplacement, Mathieu se fait cambrioler coup sur coup en février, puis en novembre. Après qu'on lui a dérobé la moitié de sa collection, un nouveau coup du sort le frappe quelque temps plus tard, en février 2017 : un incendie se déclare pendant son sommeil alors qu'il avait oublié d'éteindre une bougie. Heureusement, plus de peur que de mal et le départ de feu est rapidement maîtrisé.

Décryptage

L'entrée est une pièce particulièrement sensible puisqu'elle fait entrer le chi qui nourrit la maison chaque fois que nous l'empruntons. Elle est considérée comme yang, active par nature : c'est donc l'étoile de l'eau (l'étoile reliée aux aspects matériels et financiers) qui est prise en considération.

Les étoiles liées au vol sont généralement situées dans l'entrée de l'habitation. C'est l'étoile de métal 7, une étoile peu fameuse en période 8 puisqu'elle concerne tout ce qui a trait aux vols, aux agressions avec arme blanche entre autres... (voir p. 159).

L'étoile de bois 3 peut également amener du vol (consultez sa carte d'identité, voir p. 159). Lorsque les étoiles 7 et 3 sont combinées ensemble, la probabilité d'un vol, d'une fraude, d'une escroquerie est renforcée, car les deux éléments métal et bois, de nature opposée, entrent en conflit.

Nous vérifierons ensuite leur présence dans la grille des étoiles pour l'année 2016.

En ce qui concerne l'événement de février 2017, pour qu'il y ait un incendie, il faut déjà qu'il y ait du feu : cet élément est contenu dans l'étoile 9, et en particulier dans la combinaison 9 + 7. L'étoile 9 est particulièrement sensible aux sources de chaleur, la plaque de cuisson notamment et le four.

Calcul de la grille d'Étoiles volantes

Pour vous entraîner, vous pouvez calculer la grille de sa maison (l'année d'emménagement est 2016 et l'orientation de la façade principale, celle qui est la plus yang, est de 92°). Vous avez trouvé ? Reportez-vous dans un premier temps au tableau récapitulatif des secteurs (voir p. 118), puis au tableau des 9 périodes (voir p. 151). Vous devriez trouver l'orientation est 2 (indiquée E2 sur la grille) et la période 8. Choisissez la grille correspondante dans les annexes.

E2

↑

7 9 2	3 4 6	2 5 7
5 2 4	1 6 8	6 1 3
9 7 9	8 8 1	4 3 5

Façade est 2
(82°5 - 97°5)

Placez-la sur le plan de la maison de Mathieu en ne conservant que les deux étoiles de montagne et d'eau.

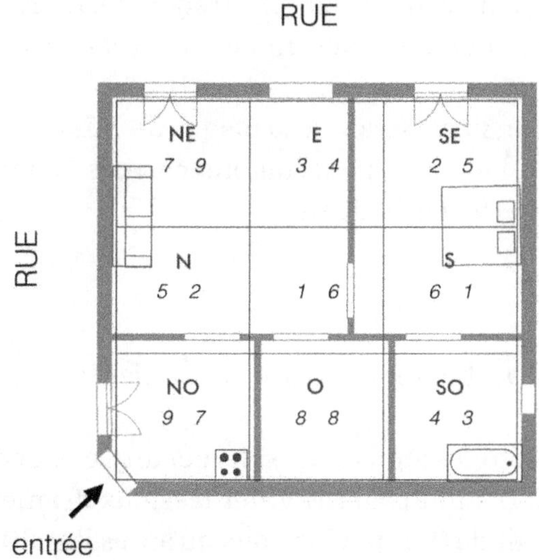

- L'entrée : des deux entrées dont il dispose, Mathieu utilise celle qui est située à l'arrière de la maison, au nord-ouest. Il passe par sa cuisine. Effectuons un zoom sur l'entrée.

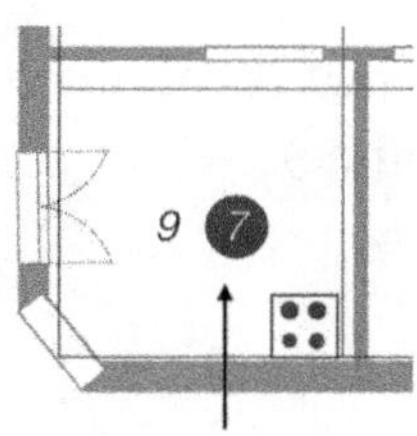

Étoile de l'eau

Que retrouvons-nous comme étoile de l'eau (à droite) ? L'étoile de métal 7. La présence de l'étoile dans la pièce ne suffit pas à provoquer l'événement – encore faut-il qu'elle soit renforcée ou au contraire agressée.

- La porte d'entrée donne directement sur une rue dont le trafic automobile est permanent et très bruyant de jour à cause de nombreux bars et d'un club très fréquenté. L'environnement extérieur peut constituer un facteur d'activation pour une étoile d'eau.
- À l'intérieur, la présence de la plaque de cuisson – quand elle est utilisée, bien sûr – peut combiner avec le 7 comme le ferait une étoile 9 (le feu, c'est du 9).

L'instant T

Regardons maintenant la nature des étoiles temporelles.

Le calcul des étoiles annuelles est le même que pour celui du gua de l'homme. Il suffit d'additionner les deux derniers chiffres, qu'on soustrait de 9 (rappelez-vous qu'après l'an 2000, c'est 9 ; avant l'an 2000, c'est 10), ce qui donne :

2016 : 9 – (1 + 6) = **2**

2017 : **1**

2018 : 9 (le 0 n'existant pas, le calcul redémarre au chiffre 9 pour reprendre sa décroissance)

2019 : 8

2020 : 7

Etc.

En gras figurent les deux chiffres de l'année qui nous intéressent. Le chiffre est placé ensuite au centre du carré loshu. Les autres chiffres sont placés en respectant le chemin du loshu, comme on l'a fait pour le 5 (voir p. 65).

1 SE	6 S	8 SO
9 E	**2**	4 O
5 NE	7 N	3 NO

2016

9 SE	5 S	7 SO
8 E	**1**	3 O
4 NE	6 N	2 NO

2017

Au nord-ouest, pour 2016, nous avons l'étoile annuelle 3 qui va combiner avec l'étoile 7 de la cuisine de Mathieu. Pour 2017, ce sera l'étoile 2.

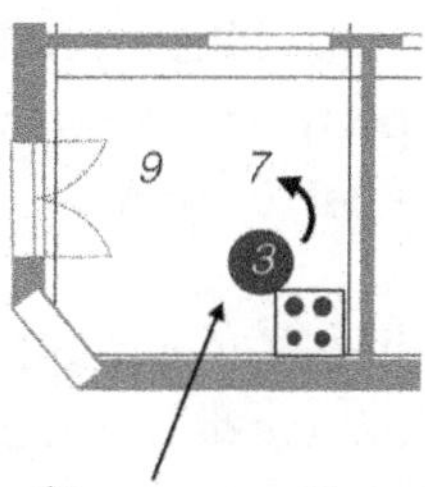

Étoile annuelle

En 2016, l'étoile de bois 3 (grand bois) entre en conflit avec l'étoile de métal 7 pour générer la combinaison fatidique.

Concernant le mois du vol, regardons d'encore plus près les étoiles mensuelles. Je ne rentrerai pas dans le détail des calculs ici, mais vous pouvez utiliser un calculateur en ligne pour vérifier.

En février et novembre 2016, c'est encore l'étoile de bois 3 qui officie et vient renforcer l'étoile de bois annuelle 3... Beaucoup de bois à couper pour le métal 7 ! Les conditions parfaites sont réunies pour favoriser la matérialisation de l'événement dans la réalité.

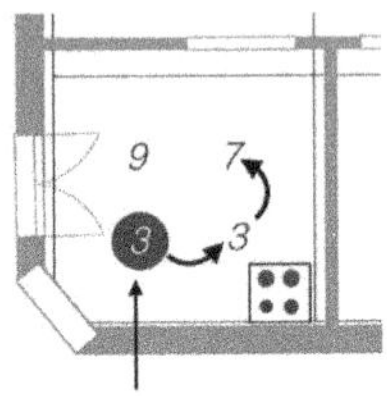

Étoile mensuelle

L'année 2017 est gouvernée par l'étoile 2. La combinaison formée avec l'étoile de l'entrée 2-7 indique en général des problèmes de santé. Mais le 18 novembre 2017 arrive le 9 mensuel accompagné du 9 journalier : les deux 9 s'associent et combinent avec le 2 et le 7 ; ces 3 étoiles s'embrasent ensemble. Leur combinaison est explosive et fait naître le début d'incendie. Ce soir-là, Mathieu a beaucoup cuisiné pour ses amis, activant encore davantage l'élément du feu dans cette zone.

Pour neutraliser l'étoile 7, il aurait fallu que Mathieu utilise l'autre porte d'entrée qui bénéficie d'une meilleure étoile annuelle dans le palais de l'est (voir l'illustration p. 165).

Comment les étoiles sont-elles activées ?

Rappel important, n'oubliez pas ce principe fondamental : l'activation des étoiles est tributaire d'un environnement qualitatif qui doit les soutenir.

- **L'étoile de façade (ou d'eau) réagira à tout ce qui est en activité, produit un mouvement**, à l'extérieur (une route,

une pente qui descend...) ou à l'intérieur de l'habitation. C'est l'énergie qui arrive depuis la façade et la porte d'entrée.
- **L'étoile de l'assise (ou de montagne) sera activée dans les espaces où l'activité est yin**, dans les chambres par exemple, en relation avec les environnements extérieurs calmes et protecteurs (un bâtiment, une pente qui remonte par exemple – voir p. 77).

À NOTER

Si vous n'utilisez pas un espace, aucune activité n'est créée ; elle devient donc yin de ce fait et son énergie est inopérante.

Nous l'avons vu, les étoiles contiennent les informations reliées aux trigrammes (le 2 correspond au trigramme Kun), mais également aux 5 éléments (le 2 est associé à l'élément terre) ; enfin, l'étoile a une polarité*, yin (2, 4, 7, 9) ou yang (1, 3, 6, 8).

Chacun de nous, avec son gua, interagit également avec les étoiles au travers de l'élément. Par exemple, un gua 2 réagira plus rapidement à :
- une étoile terre (2, 5, 8) ;
- une étoile yin aussi (2, 4, 7, 9).

C'est ce qui donne toute sa richesse à l'interprétation d'une grille d'étoiles.

Comme les étoiles sont reliées aux éléments, **je vous conseille d'utiliser le tableau des contre-mesures** de la page 170 **ainsi que les cycles des éléments** page 67 pour installer vos remèdes

* Pour la polarité, reportez-vous aux trigrammes et à la ligne « membre de la famille » (voir p. 54). Pour l'étoile yin 2 (Kun), c'est la mère. Pour l'étoile yang 1 (Kan) c'est le second fils, le fils cadet, etc.

à l'intérieur de chez vous. Ces contre-mesures agiront essentiellement sur les étoiles temporelles, car elles sont dynamiques.

N'oubliez pas que ces contre-mesures peuvent également vous affecter, vous, en tant que gua : à cet effet, deux solutions sont parfois proposées dans le tableau.

ÉLÉMENTS/ ÉTOILES	CONTRE-MESURES
Terre (2 et 5)	Objets en métal Son (carillon en métal) Télévision, pendules Appareil de musique Cure de sel (voir l'encadré ci-après) Remarques : pour le 5, minimiser les activités bruyantes. Attention à l'emplacement des plaques de cuisson qui peuvent activer les étoiles de terre.
Bois (3 et 4)	Feu naturel, bougie, lumière rouge, lampes produisant de la chaleur Couleur rouge Parfois terre (céramiques, minéraux...) Remarque : pas de bruit pour le 3 (une télévision peut activer le 3, par exemple).
Métal (6 et 7)	Eau naturelle Parfois du bois en grande quantité (plantes)
Feu (9)	Terre (céramiques, minéraux...) Parfois du métal en grande quantité (objets métalliques) Remarque : attention à l'emplacement des plaques de cuisson qui peuvent activer l'étoile 9.
Eau (1)	Bois vivant (plantes)

CONTRER LES EFFETS NÉFASTES PAR LA CURE DE SEL

Le sel a de nombreuses propriétés purifiantes. Il est utilisé pour faire des clarifications d'espace afin de nous débarrasser des énergies lourdes. (Pour en savoir plus, je vous renvoie au chapitre 21, « Clarifier votre espace », du *Grand Livre du feng shui**.)
Pour contrer les effets néfastes de l'étoile de terre 5 annuelle, la cure de sel est un excellent remède, aussi puissant qu'un carillon métallique. Elle peut être utilisée également pour réduire les effets néfastes de l'étoile de terre 2. La cure de sel n'est pas une obligation annuelle et n'est pas là non plus pour faire joli ! Il est conseillé de ne l'utiliser qu'en cas de problèmes ou pour les prévenir. Les ingrédients (l'eau, le sel et quelques pièces de monnaie) provoquent une réaction chimique dont les propriétés sont identiques aux effets que produirait du métal.
Voici la recette :

- un récipient de 1 litre (pot, vase en porcelaine ou en verre que vous ne pourrez pas réutiliser) ;
- un plateau pour poser le pot ;
- 400 g de gros sel ;
- de l'eau ;
- 6 pièces de monnaie (5 jaunes et une en argent) utilisées traditionnellement. Le chiffre 6 renvoie au trigramme Qian qui, souvenez-vous, est « grand métal ». Si vous ne souhaitez pas vous inscrire dans cette tradition, vous pouvez ajouter de petits bouts de métal qui feront très bien l'affaire.

› Remplissez un récipient en verre ou en porcelaine de 1 litre environ avec le gros sel. Posez les pièces dessus.
› Remplissez d'eau le récipient jusqu'au bord. →

* Bruno Lecourt, *Le Grand Livre du feng shui*, Leduc.s éditions, 2016.

› Posez ensuite le récipient dans le coin de la pièce concernée en prenant soin de le mettre sur le plateau, car la réaction chimique peut faire déborder le liquide hors du récipient et tacher vos meubles ou votre sol.
› Le récipient doit rester en contact avec l'air. N'hésitez pas à remplir le vase d'eau régulièrement car celle-ci s'évapore.
› Vous pouvez le laisser ainsi jusqu'à l'année prochaine. En 2019, il doit être placé au sud-ouest de l'habitation ou au sud-ouest d'une pièce si c'est nécessaire.

À NOTER

Emplacement annuel du 5 :
› 2018 : nord.
› 2019 : sud-ouest.
› 2020 : est.
› 2021 : sud-est.
› 2022 : centre.
› 2023 : nord-ouest.

LA MÉTHODE DES ÉTOILES VOLANTES EN QUELQUES POINTS

- En premier, inspectez l'environnement : repérez où sont les pentes autour de votre habitation.
- Déterminez la façade en fonction de la pente, de l'activité, des ouvertures...
- Calculez la grille des Étoiles volantes à l'aide de l'orientation de la façade et de la date de construction ou d'emménagement.
- Vérifiez si la maison est soutenue par l'environnement (voir p. 77).

Pour des raisons de compréhension, nous n'avons pas abordé la méthode consistant à vérifier si la grille d'étoiles est connectée à son environnement, c'est-à-dire que **l'emplacement de l'étoile faste qui correspond au chiffre de la période (en ce moment, le 8) doit être positionné correctement dans la grille.**

La configuration idéale en période 8 est :
- l'étoile d'eau 8 placée du côté de la façade la plus yang de la maison ;
- l'étoile de montagne 8 doit être placée du côté de l'arrière de la maison le plus yin.

Cette configuration doit être soutenue par l'environnement : eau à l'avant et montagne à l'arrière. Il existe trois autres configurations majeures que nous n'aborderons pas ici.

Plus la grille est connectée, plus elle sera puissante et plus vos objectifs auront des chances d'être atteints. Dans le cas contraire, ce sera plus difficile.

- Il est possible ensuite de faire une analyse détaillée des pièces principales : entrée, chambre, bureau et cuisine.
- Et, surtout, ne perdez pas de vue l'objectif que vous vous êtes fixé tout au long de votre analyse !

CONSEILS DE LECTURE :
- Joey Yap, *Authentique feng shui*, Le Courrier du livre, 2009.
- Nathalie Mourier et Éric Spirau, *Les Leçons de feng shui : les Étoiles volantes*, vol. 1 et 2, Édition Marip, 2007 et 2014.
- Raymond Lo, *Les essentiels du feng shui*, édition SATAS/IFS, 2015.
- Elizabeth Moran, Maître Joseph Yu et Maître Val Biktashev, *Feng shui : le guide des accros qui s'y perdent*, éditions Contredires, 2007.

Ne vous laissez pas décourager au début ; c'est en pratiquant que l'on acquiert les bons automatismes et les bonnes analyses.

Il est temps maintenant d'entrer dans la maison.

4

LES 4 PIÈCES IMPORTANTES DE LA MAISON

Dans cette partie, vous trouverez des informations concernant l'aménagement des 4 pièces qui sont privilégiées dans une expertise de feng shui : l'entrée, la chambre, la cuisine et le bureau. Évidemment, rien ne vous empêche de vous inspirer de ces principes pour les adapter aux autres pièces.

Vous y verrez comment les règles fondamentales du feng shui sont appliquées et agrémentées de conseils relevant davantage de la décoration, sans trahir l'essence même du feng shui.

Chapitre 10

Quelques rappels avant de commencer…

Avant d'entrer dans le vif du sujet, voici quelques rappels de ce que nous avons vu précédemment afin que vous les gardiez bien en tête.

N'OUBLIEZ PAS LES MEILLEURS EMPLACEMENTS ET ORIENTATIONS

L'entrée, la chambre, le bureau doivent être situés dans les meilleurs emplacements des habitants et la porte d'entrée principale doit être accordée avec l'une des meilleures orientations du ou des parents ainsi que vers l'Étoile volante favorable.

Par exemple, si l'entrée est orientée vers le sud, le nord, l'est ou le sud-est, elle sera favorable pour les guas de Maisons de l'Est (1, 3, 4, 9). Si elle est orientée vers l'ouest, le sud-ouest, le nord-ouest et le nord-est, elle sera favorable pour les guas de Maisons de l'Ouest (2, 6, 7, 8) – voir p. 131 et 132.

Si ce n'est pas le cas :

- Vous pouvez emprunter une ouverture secondaire lorsque vous en disposez d'une : porte à l'arrière, porte de séparation entre un garage et la maison, porte de salon, baie vitrée...
- Une autre méthode plus radicale consiste à réorienter la porte vers la bonne direction, ce qui nécessite de faire des travaux conséquents. L'un de mes clients a transformé une fenêtre en porte sur un côté de sa maison pour pouvoir emprunter une nouvelle porte d'entrée. Cela a permis d'amener les changements qu'il souhaitait dans sa vie.
- Dans un appartement, à moins de disposer d'une entrée de service, il faut faire avec la porte d'entrée dont on dispose. Il faut alors se concentrer sur les pièces importantes, en choisissant les bons emplacements et en orientant la tête de lit et les assises vers les bonnes directions.
- Enfin, il faut regarder également du côté des étoiles volantes : placez l'entrée, le salon, la salle à manger et le bureau dans les pièces occupées par les bonnes étoiles d'eau de la période 8 (8, 9, 1) ; et, pour la chambre, les bonnes étoiles de montagne (8, 9, 1).

À NOTER

Si tout se passe bien dans votre vie, ce n'est pas la peine de tout changer, vous n'êtes pas obligé d'appliquer ces principes. Le feng shui n'est qu'une des trois chances, (vous vous souvenez, il en existe deux autres : celle de l'homme et celle du ciel), sa mise en place devient réellement intéressante lorsqu'on a des objectifs à atteindre.

ENTRÉE, CUISINE, CHAMBRE, BUREAU : POURQUOI SONT-ELLES IMPORTANTES ?

Pour obtenir des résultats satisfaisants, il faut privilégier l'aménagement de ces quatre pièces : l'entrée, la cuisine, la chambre et le bureau.

Cela s'explique par le principe d'interaction : les chi présents dans les pièces exercent une action seulement si on reste longtemps en contact avec eux. Le but étant de les utiliser, le temps passé dans une salle de bains, une chambre d'amis ou toute autre pièce inutilisée ne sera pas suffisant. Votre salon ne présentera donc pas autant d'intérêt que votre chambre, à moins que vous y dormiez ou y travailliez, bien que cette situation ne soit pas très feng shui car il est préférable de bien différencier les espaces yin des espaces yang (voir l'encadré p. 180).

Cela ne veut pas dire qu'il faille les négliger pour autant. Leur aménagement relèvera alors de la décoration ou de l'architecture intérieure.

- **L'entrée nécessite un traitement particulier** : c'est l'endroit par où pénètre le courant des énergies extérieures qui se répand ensuite dans l'habitation.
- La **cuisine**, lieu de préparation des repas, **intéresse directement notre santé et donc le feng shui**.
- La **chambre** est la pièce **où nous passons le plus de temps dans notre maison**. C'est là où les chi exerceront par conséquent leur action dans la durée.
- Le **bureau**, surtout si vous travaillez à la maison, est à privilégier autant que la chambre, car **le feng shui peut soutenir les objectifs professionnels, financiers ou autres** que vous vous êtes fixés.

LES ESPACES YIN ET LES ESPACES YANG

L'espace de la maison peut être divisé en deux zones bien distinctes :

- **Les pièces yang sont les pièces où l'activité y est la plus intense :** l'entrée, le salon, la salle à manger, le bureau et la cuisine. Elles sont situées plutôt sur l'avant de la maison bénéficiant du chi yang.
- **Les pièces yin sont réservées au repos, à la détente** (la chambre) **et à l'hygiène** (la salle de bains). Elles sont situées plutôt sur l'arrière de la maison, bénéficiant du chi yin.

LES CONSEILS EN +

Tenez compte également de l'ensoleillement pour déterminer les secteurs yin et yang : les pièces les plus ensoleillées au sud-est, sud et sud-ouest sont yang, tandis que les pièces yin situées au nord-est, nord et nord-ouest seront plus sombres et plus froides. À l'est, là où le soleil se lève, l'énergie est plus tonique, plus yang. Au contraire, à l'ouest, là où la lumière du jour faiblit, l'énergie sera plus yin. Certains experts de feng shui ne tiennent compte que de ce paramètre pour définir les emplacements des activités. Bien que cela n'ait pas de rapport avec le feng shui, je vous conseille de faire également en fonction de votre ressenti, de votre envie et de vos activités : certaines personnes, par exemple, ne supportent pas le caractère tonifiant et matinal du chi venant de l'est. Certains types d'activités, le dessin par exemple, nécessitent une lumière venant du nord, car elle est plus égale, moins aveuglante.

Voici, pour vous aider, un tableau récapitulatif des activités yin/yang les plus courantes :

ACTIVITÉS YANG	ACTIVITÉS YIN
Cuisiner	Dormir, se reposer
Travailler	Se détendre
Faire de la musique, chanter	Lire
Repasser	Se laver
Faire des activités manuelles	Écouter de la musique
Jouer aux jeux vidéo	Rêver, méditer

LA RÉPARTITION DES PIÈCES DANS L'HABITATION

Dans un appartement

Sur un même niveau, **séparez bien les pièces à fonction sociale**, qui seront le plus près de la porte d'entrée (salon, salle à manger, cuisine), **des pièces à fonction intime** (chambres et salle de bains), plus au calme.

Lorsque l'entrée débouche directement sur l'espace de convivialité, une porte de séparation qui jouera le rôle de sas entre les deux espaces est recommandée.

Une autre solution : les deux zones peuvent être réparties de part et d'autre d'un couloir central qui fait office de sas.

FAIRE DU FENG SHUI DANS UN STUDIO OU UN LOFT

Ces espaces multifonctionnels nécessitent de faire preuve d'esprit d'inventivité afin que les chi liés aux différentes activités ne se mélangent pas. Un architecte d'intérieur pourra vous préconiser des conseils d'aménagement, mais en voici déjà quelques-uns :

› Le mobilier modulaire regorge de multiples possibilités en se transformant ou en dissimulant des tiroirs invisibles, une table, des assises ou un lit...

› Plus l'espace de l'appartement est petit, plus il faut y prévoir des rangements (lit avec tiroirs, bibliothèque séparative, table transformable en bureau, aménagements multifonctionnels).

› Tous les espaces peuvent être optimisés, même les plus incongrus : sous une estrade, par exemple, le lit escamotable peut se glisser sous le plancher dans la journée, laissant ainsi la place à un espace pour manger.

› Des panneaux coulissants peuvent renforcer la cohérence des fonctions en les isolant.

› Des aplats de couleur pensés par activité découpent visuellement l'espace et facilitent sa lecture.

En matière d'architecture intérieure et de décoration, tout est possible ! Cependant, il ne faut pas confondre le feng shui avec l'optimisation de l'espace faite par un architecte : le principal, encore une fois, est de toujours veiller à favoriser la circulation énergétique et d'inscrire dans cette optimisation les bonnes orientations et placements de chacun en vous référant au loshu (voir le cas pratique p. 142).

Dans une maison à deux niveaux

Le rez-de-chaussée est réservé aux pièces à destination sociale : cuisine, salon, salle à manger. Au premier, l'espace accueille les chambres et la salle de bains. **C'est l'escalier qui joue le rôle de sas.**

Le bureau peut être situé, au choix, sur les deux niveaux selon le contexte et les nécessités : besoin d'être concentré, isolé, de prendre de la hauteur, ou au contraire d'être proche des réalités concrètes et de la famille...

Dans une maison à trois niveaux

Au rez-de-chaussée se trouvent les pièces yang : cuisine, salon, salle à manger, buanderie, réserve, arrière-cuisine.

Au 1er étage se trouvent les pièces yin : chambre des enfants, salle de bains, chambre des amis.

Au 2e étage : chambre parentale, salle de bains.

Le bureau sera localisé au rez-de-chaussée, au premier ou au second, selon le contexte.

À NOTER

Ces configurations, qui appliquent les règles du yin et du yang, sont bien sûr à adapter : en attribuant les pièces aux membres de la famille, n'oubliez pas de tenir compte des emplacements et des directions favorables de chacun, puis des étoiles favorables. Cela risque de faire varier le modèle.

LES CONDITIONS POUR TRANSFORMER LES SURFACES D'UNE HABITATION

Certains lieux présentent des surfaces atypiques, aux multiples coins et recoins, cloisonnées par des petites pièces qui ne peuvent pas être utilisées, des placards impraticables, d'anciens conduits de cheminée qui favorisent la stagnation du chi.

Il est donc parfois nécessaire de **remodeler les espaces pour gagner en circulation, en clarté et en luminosité**.

La dépose des anciennes cloisons et la pose de nouvelles selon les règles du feng shui permettent d'aménager ainsi le trajet du chi. Ces travaux qui s'apparentent à du gros œuvre peuvent perturber la qualité de vie des occupants. Le feng shui préconise ainsi de :

- tenir compte de la date favorable pour effectuer ces travaux de gros œuvre (un expert en feng shui vous accompagnera pour définir le bon calendrier) ;
- d'intégrer la sectorisation des emplacements et orientations favorables de chacun des membres de la famille dans la phase de conception ;
- de veiller à la création de zones parfaites en respectant la règle des 4 points d'or (voir p. 104).

Chapitre 11

L'entrée, la bouche du chi

Le chi fait comme nous : il emprunte l'allée devant la maison avant d'entrer par la porte principale. La première des choses consiste donc à vérifier que la circulation est facilitée jusqu'à la porte, cette « bouche du chi ».

LES 3 POINTS À VÉRIFIER AVANT D'ENTRER

- **Aucun obstacle physique** n'encombre le chemin qui mène à la porte d'entrée : arbre mort, souche, poubelles...
- **Les abords sont entretenus.** Le chi se nourrit de ce qu'il traverse : prenez soin de votre extérieur, taillez vos haies et vos rosiers, débroussaillez, tondez votre pelouse, ramassez les feuilles mortes... L'aspect extérieur de votre maison compte tout autant que l'intérieur : il doit rayonner, être riche et vivant ! Alternez les plantations pour avoir des fleurs tout au long des saisons. Pensez à choisir des arbustes à feuillage persistant pour l'hiver. Faites les réparations nécessaires au niveau de la maison : infiltrations d'eau, chéneaux bouchés, chemins défoncés...

- **Prévoyez un éclairage** pour illuminer l'allée ou dirigé vers des points de vue secondaires qui guideront l'œil (un arbre, un point d'eau, un détail mural).

LA PORTE IDÉALE EN FENG SHUI

- La porte d'entrée doit être **proportionnée par rapport à la façade**, ni trop grande, ni trop petite. Dans l'idéal, elle occupe la partie centrale du mur afin que le chi se disperse de manière équitable.
- **Elle est bien entretenue :** si elle grince, huilez les gonds pour qu'elle se ferme correctement (ni trop vite, ni trop lentement). Si la clé a du mal à tourner dans la serrure, ajouter une ou plusieurs rondelles pour la surélever afin d'aligner le pêne dans la gâche.
- Installer un **rideau épais** permet de l'isoler du froid en hiver, et parfois de réduire les nuisances phoniques.

À NOTER

En aucun cas le rideau ne doit empêcher la porte de s'ouvrir complètement !

- De même, ne placez aucun portemanteau qui bloquerait son ouverture. **Pensez facilité et fluidité !** Facilitez l'entrée du chi et facilitez-vous la vie pour éviter ces petits contretemps qui ralentissent le quotidien.

UNE ENTRÉE QUI RESPIRE !

Véritable zone de transition entre l'extérieur et l'intérieur, l'entrée est la première des pièces yang. C'est aussi la première pièce que l'on voit, et parfois la seule lorsqu'on est de passage. Autant qu'elle laisse une bonne impression !

Faire entrer le chi

L'espace doit être suffisamment dégagé pour laisser pénétrer le chi : on oublie donc les meubles imposants, les objets qui traînent au sol. Pour les chaussures et vêtements, prévoyez des penderies, des rangements discrets et fermés ainsi qu'un banc pour se déchausser et un vide-poche. Si vos placards ou vos étagères sont ouverts, installez-y des boîtes colorées pour créer un rythme ou bien identiques (en métal, en carton, en bois ou en osier) pour les rendre invisibles.

Retenir le chi

Pour que le chi se répande dans les pièces, il doit être attiré, puis retenu dans l'entrée. Les miroirs positionnés face à la porte et aux fenêtres mal placées l'invitent à ressortir illico : on parle de « fuite de chi ». Pour le retenir, équipez les fenêtres de rideaux, de voiles, de stores ; une plante devant la baie peut également faire l'affaire.

À NOTER

Cela dit, les miroirs ont tout à fait leur place dans une entrée pour l'agrandir si elle est trop petite ou pour y réfléchir les rayons du soleil quand elle est trop sombre.

Dynamiser son espace

L'énergie semble absente, comprimée, pesante ou au contraire trop lumineuse ? Voici quelques conseils :

- **Petite entrée sombre (sentiment d'être oppressé) :** réduisez la présence de meubles et de bibelots, évitez les tapis et moquettes qui ralentissent le chi, placez des miroirs à la bonne hauteur, choisissez des teintes claires, des matières réfléchissantes ou transparentes (verre, métal) et des lumières adaptées (spots). Allégez !

LE CONSEIL EN +

Vous pouvez également opter pour des couleurs foncées. Mais n'oubliez pas de créer le rythme nécessaire pour que les énergies ne s'évanouissent pas devant votre paillasson : la teinte est traitée en camaïeu ou en revêtements avec différents effets (mat, satiné, brillant), un accrochage mural propose une perspective ou un contrepoint coloré, les luminaires métalliques réfléchissent la lumière...

- **Si votre entrée est vraiment minuscule et qu'elle comprime trop le chi**, faites-la disparaître en déposant les cloisons et en l'intégrant dans la première pièce à vivre. Demandez conseil à un expert feng shui qui vous confirmera les effets sur la circulation énergétique et vous précisera la bonne date pour effectuer les travaux.
- **Ambiance lourde et stagnante (sentiment d'épuisement) :** meublez à bonnes proportions, relevez le chi avec des plantes, des éclairages, des matières réfléchissantes et des couleurs vives, pastel ou claires, retirez ou relevez les suspensions trop basses.
- **Entrée trop lumineuse et trop chaude :** cela ne pose pas forcément de problème en feng shui, mais ce type d'entrée trop yang située plein sud, par exemple, peut fatiguer par son inconfort. Voici comment y remédier :

- Pensez à fermer les volets, les rideaux, les stores durant les journées d'été pour maintenir la fraîcheur. Certains matériaux retiennent également le frais (le carrelage, le béton ciré...).
- Un mur de couleur foncée (noir, bleu, gris ardoise – d'élément eau, voir p. 73) amènera de la fraîcheur.
- Une fontaine ou un aquarium peuvent également rafraîchir, mais veillez à ce qu'ils ne soient pas trop grands pour que l'eau n'interagisse pas avec les étoiles volantes (en cas de doute, vérifiez la grille auparavant ou consultez un expert – voir p. 149).
- **Entrée très haute :** créez une zone de rangement fermée dans la partie haute du mur pour réduire le volume. Placez un meuble haut type console pour occuper une partie de l'espace. Une suspension plus basse fera oublier la hauteur.

La création de certains aménagements décoratifs sont favorables pour ralentir ou accélérer le chi. Le tableau suivant vous permettra de choisir les objets et les matériaux adéquats :

	RALENTIR LE CHI	ACCÉLÉRER LE CHI
MATÉRIAUX	Laine, coton, lin, feutre, duvet, velours, carton, papier, osier, bambou, paille, cisal, céramique granulée.	Verre, métal, marbre, carrelage, mélaminé, plastique, Corian®.
MOBILIER	Fauteuil, canapé, pouf, méridienne, lit, tapis, rideaux, voilages, stores en bois ou en tissu, paillasson, paravent.	Fontaine (mouvement), bougie, objets mobiles, horloge, télévision, appareils produisant des sons ou des jeux de lumière, miroir, lustre en cristal.

REVÊTEMENT	Surfaces douces, texturées, vergées, plancher, parquet, peinture mate ou satinée.	Surfaces lisses, réfléchissantes, uniformes, linoléum, peinture brillante.
LUMINAIRES	Ambiance sombre, lumière nocturne.	Ambiance lumineuse, lumière naturelle.
FORMES	Courbes, ondulées, obstacles (cloisonnement, porte, paravent, table d'appoint, grande plante…).	Angles droits, lignes droites, verticales.
TYPE DE PIÈCE	Plafond bas, petites fenêtres, fenêtres teintées, volets intérieurs.	Pièces hautes de plafond, baies vitrées, pièces avec beaucoup de fenêtres.
AMBIANCE	Cosy, cottage, chalet, campagne, hygge, liberty, orientale.	Ambiance indus', design, épurée.

Chapitre 12

Vous passez votre vie dans votre chambre !

C'est la pièce phare du feng shui ! Nous consacrons en effet un tiers de notre vie au sommeil. C'est donc ici que les énergies (le chi) exercent sur nous leur influence la plus forte. Dans cet espace voué à la récupération, le feng shui prendra soin de l'emplacement et de l'orientation du lit, mais également de la circulation du chi ou du respect de l'équilibre yin-yang.

Focus sur les points essentiels pour réussir une chambre feng shui.

UN ESPACE YIN DÉDIÉ AU CALME

La chambre est un espace yin réservé au calme, **qu'il s'agit de préserver de toutes nuisances** :

- La chambre est éloignée des espaces où se déroulent des activités yang (entrée, salon, salle à manger, salle de jeux...).
- Elle ne jouxte ni ne fait face à la cuisine, à cause des odeurs.

- Toutes les activités qui nécessitent de l'énergie physique et mentale, sportives ou professionnelles sont à exclure, car elles viennent perturber la qualité du sommeil. Une bibliothèque, une télévision, un ordinateur n'ont donc pas leur place ici. Si vous n'avez pas le choix, essayez d'isoler les activités dans l'espace avec un meuble, un paravent ou une identité colorée.
- Sans transformer votre chambre en serre, une ou deux plantes peuvent y être installées en fonction de son volume.

LA CHAMBRE DANS UN PETIT ESPACE OU UN LOFT

Pour un gain de place, débarrassez-vous de vos tables de chevet, aménagez la tête de lit avec des étagères sur le dessus et sur les côtés, et complétez avec des appliques murales.
Veillez à toujours maintenir la qualité de la circulation énergétique dans la pièce et à préserver un cadre protecteur. En général, ce qui ne se voit pas exerce moins d'influence : vous pouvez utiliser des rideaux, des paravents, des murs aménagés en placards, des étagères ouvertes des deux côtés pour séparer les espaces sur lesquelles vous pourrez ranger vos livres, revues et objets. Utilisez des boîtes colorées pour les classer.

FAVORISEZ UNE BONNE CIRCULATION DU CHI

Le mobilier est proportionnel au volume de la pièce et positionné de telle façon que vous vous sentiez en sécurité :

- Limitez le nombre de meubles (un lit et deux tables de nuit suffisent).
- Évitez les armoires hautes qui donnent l'impression qu'elles vont vous tomber dessus pendant votre sommeil. Si vous le

pouvez, prévoyez des rangements fermés et discrets (placards muraux invisibles) ou un dressing.

LE CONSEIL EN +

On dit qu'on dort mieux lorsqu'on a le sentiment que tout est en ordre autour de soi...

Faites disparaître les sha chi qui peuvent constituer une menace :

- Objets pointus et hauts à côté du lit.
- Angles métalliques qui vous dérangent (un angle droit est moins menaçant qu'un angle aigu : vous n'avez donc rien à craindre d'un angle d'armoire ou d'une poutre anguleuse au-dessus du lit, à moins que vous ayez le nez collé dessus).
- Il y a plus de risque d'incidents avec une étagère mal vissée ou un lustre qui pend au-dessus du lit. Et même si le risque physique est écarté, il n'en constitue pas moins une menace inconsciente qui peut mettre en péril la qualité du sommeil.

Le lit est situé dans la partie la plus protégée de la chambre :

- La porte est visible depuis le lit.
- Le lit est installé en dehors de la trajectoire du chi qui relie la fenêtre à la porte.
- Pour renforcer le sentiment de protection, la tête de lit s'appuie contre un mur, qui joue le rôle d'une montagne. Dans le cas contraire, pour une raison ou une autre, dotez votre lit d'une tête de lit qui fera office de protection.
- Si votre lit est placé entre deux portes et que cela vous empêche de dormir, fermez les portes ou condamnez-en une, placez un meuble haut, un paravent pour ralentir le chi. Parfois, un rideau épais fait l'affaire.

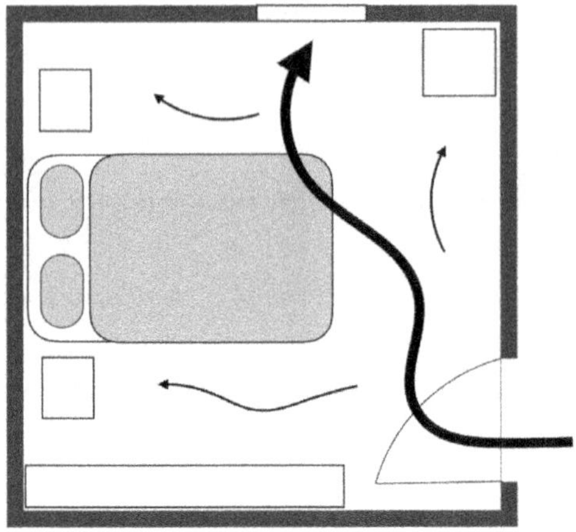

Le lit est protégé, à l'écart du trajet du chi (représenté par les flèches).

Un petit cas pratique pour bien comprendre : chez Martine et Peter, la chambre est située dans un ancien grenier qui a été réaménagé au second étage de la maison. Cet espace a été scindé en deux avec une salle de bains au centre. L'escalier débouche sur un palier donnant sur la chambre à gauche et sur un minisalon télé à droite. Martine ne se sent pas en sécurité : lorsqu'elle dort, elle a l'impression d'être surveillée. En effet, le couloir qui relie les deux pièces débouche directement sur le lit. La pause d'une porte coulissante à galandage a renforcé l'impression de sécurité. Martine a ainsi rapidement retrouvé le sommeil.

Le sommeil peut également être perturbé par d'autres facteurs qui n'ont rien à voir avec le feng shui :

- Le **paramètre lumineux** en est un. Vous ne supportez pas d'être réveillé par la lumière du matin et/ou la lumière des réverbères vous dérange : prenez vos précautions en isolant les fenêtres à l'aide de volets extérieurs ou intérieurs, de stores ou de rideaux occultants ; évitez les surfaces brillantes et les miroirs réfléchissants.

- Les **ondes électromagnétiques** : elles sont produites par votre téléphone mobile resté branché, un ordinateur portable en recharge, des fils électriques qui courent derrière la tête de lit, conduites par un pied de lampe en métal, une antenne fichée dans le mur, sur le balcon ou au-dessus de la chambre, la télévision du voisin, un ascenseur d'immeuble...

LES ONDES ONT UN CHAMP D'ACTION

Il suffit parfois de déplacer le lit d'un mètre pour ne plus en subir les effets.

Voici en outre quelques principes de précaution : évitez de regarder les écrans numériques juste avant de vous endormir, préférez un bon livre (une dizaine de lignes sont parfois soporifiques), éloignez les prises murales de votre tête de plus de 50 cm ou prévoyez un disjoncteur type IAC (interrupteur automatique de champs) qui coupera l'alimentation électrique dans la pièce (les câbles peuvent aussi être blindés), optez pour un réveil mécanique ou à piles, éteignez votre box... De même, préférez les interrupteurs bipolaires qui coupent les deux fils électriques, et non unipolaires. Pour les télévisions (qui n'ont pas vraiment leur place dans une chambre), respectez les bonnes distances par rapport à l'écran (au moins 2,50 m pour un écran de 1 m).

En ville, certaines personnes se plaignent de migraines et d'insomnies depuis la pose d'antennes-relais sur les toits en face de chez eux : selon certains spécialistes qui dénoncent les problèmes de sécurité sanitaire dans les technologies sans fil, ces antennes entraîneraient une baisse de la mélatonine et un affaiblissement des défenses immunitaires propice au développement de maladies.

LE CONSEIL EN +

Certains minéraux vendus dans des magasins spécialisés* (tourmaline noire, obsidienne, shungite...) et dispositifs peuvent rééquilibrer le lieu selon les spécialistes de géobiologie. Il m'arrive de proposer ce genre de solutions qui ne relèvent pas du feng shui... Mais attention, ces moyens ne sont pas toujours adaptés ; renseignez-vous auprès d'un spécialiste avant de les acheter.

- Choisissez des **matériaux naturels bio labellisés PEFS ou FSC** en lin, sisal, fibre de maïs, coton, crin, coco, latex naturel, laine, qui respirent mieux que les matériaux synthétiques et évitent la production d'électricité statique. Je vous déconseille également les lits à ressorts métalliques, véritables amplificateurs électromagnétiques.

D'AUTRES FACTEURS QUI PEUVENT PERTURBER VOTRE SOMMEIL

› Le stress généré par une mauvaise journée de travail.
› Une mauvaise alimentation, trop lourde ou trop yang (viande, café...).
› Un lit trop petit ou qui vous donne mal au dos : si vous avez le sommeil léger, dérangé par le moindre mouvement de votre partenaire, optez pour un lit queen size (160 x 200 cm), voire un king size (180 x 200 cm). Vous gagnerez en confort.

* Minerales do Brasil (www.midobras.com), Bresilophile (www.bresilophile.com), La Roche Mère (www.larochemere.fr), Crystal et Lumière (www.crystaletlumiere.net), La Joie des Pierres (http://www.lajoiedespierres.com).

LA POSITION ET L'ORIENTATION DU LIT

Respectez votre gua

Dans un premier temps, vous aurez pris soin de choisir le meilleur emplacement pour votre chambre dans la maison. En positionnant la grille du loshu sur le plan, repérez les secteurs favorables (voir la méthode p. 142).

Orientez ensuite la tête de lit vers l'une de vos quatre meilleures directions. Tenez compte des différences de qualité énergétique que vous ressentirez (certaines orientations sont plus appropriées que d'autres). Testez-les toutes pour les apprécier. Il m'arrive, pour ma part, d'en changer en fonction du contexte, de mon humeur et de mes besoins. Chez moi, j'ai donc prévu plusieurs couchages orientés différemment.

LE CONSEIL EN +

Je préconise ainsi à mes clients de concevoir une chambre modulable dans laquelle il est possible d'orienter le lit différemment, mais également un canapé qui peut servir de lit d'appoint au cas où. Cela suppose d'anticiper le positionnement des arrivées électriques.

Appliquez les Étoiles volantes : la tête de lit sera orientée vers les étoiles les plus favorables (8, 9 et 1). D'autres étoiles sont également possibles en fonction de vos objectifs.

Un couple avec des directions opposées, est-ce un problème ?

À vrai dire, le feng shui ne prend tout son sens que pour traiter des problématiques en jeu. **Il est donc inutile de créer des**

problèmes potentiels si, malgré des orientations opposées, le couple dort parfaitement !

J'ai remarqué également que certaines personnes ne réagissent pas de la même façon par rapport aux orientations des gua ou des étoiles volantes. Ainsi, pour obtenir des résultats probants, je croise les deux méthodes, une forme de compromis en somme pour satisfaire les deux personnes : pour l'une, le lit peut en effet être orienté vers la bonne direction de son gua, ce qui n'empêchera pas l'autre de dormir dans le meilleur emplacement de la pièce pour qu'il bénéficie de la bonne étoile.

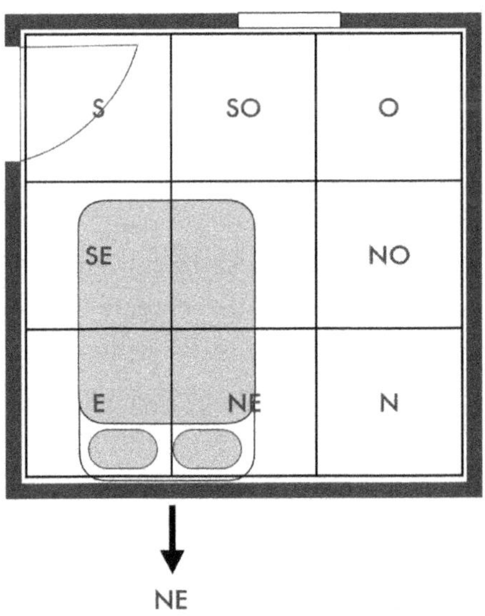

Pour un couple dont les guas sont différents, il est possible de placer un micro-loshu sur le plan de la chambre afin de repérer les bons secteurs pour chacun : pour le gua de l'est (1, 3, 4, 9), ce seront les secteurs est et sud-est ; pour le gua de l'ouest (2, 6, 7, 8), ce seront les secteurs nord-est et centre. L'orientation nord-est bénéficiera au groupe de l'Ouest.

LE LOSHU DANS LE LOSHU

Avant même les découvertes scientifiques récentes sur la géométrie fractale*, les Chinois considéraient que la structure de l'univers était identique sur différentes échelles, du microcosme au macrocosme, de l'infiniment grand à l'infiniment petit. Par exemple, si l'on observe un chou romanesco, on constatera que la partie la plus infime est une copie à une échelle réduite de l'ensemble, et ce à l'infini. On retrouve cette représentation chinoise de l'univers dans la technique du microloshu, une version poupée russe du loshu.

DES SENS APAISÉS

Favorisez une ambiance yin pour renforcer le sentiment d'être dans un cocon :

- **Le toucher.** Les matières et le mobilier privilégient les textures douces et feutrées (laine, coton, soie, lin, velours frappés, panneaux de feutre...), la chaleur du bois, les revêtements muraux peints en mat, les tapis agréables au toucher si le sol est trop froid. Les formes rondes nous connectent plus facilement au monde de la nuit.
- **L'ouïe.** Pour obtenir le calme absolu, réparez les planchers qui grincent, évitez de concevoir une salle de bains ouverte sur la chambre, supprimez les fontaines « zen » qui font du goutte-à-goutte, isolez les murs des nuisances provenant de vos voisins.
- **L'odorat.** Parfumez votre chambre ou votre oreiller avant de vous endormir. Certaines huiles essentielles sont plus propices que d'autres pour vous amener dans les bras de Morphée :

* La géométrie fractale a été popularisée par le mathématicien Benoît Mandelbrot dans son livre *Les Objets fractals : forme, hasard et dimension*, Flammarion, 2010.

huile de bigaradier, de mandarine ou d'oranger, ainsi que de lavande. Certaines peuvent être mélangées entre elles.

- **La vue.** Réservez les affiches *hardcore* pour la chambre de vos ados et tout ce qui peut suggérer les déplacements rapides ; choisissez les couleurs dont les vibrations vous endorment. Certaines seraient plus efficaces que d'autres…

DES COULEURS QUI NOUS INFLUENCENT

Les études sociologiques mettent en avant le fait que les couleurs ont un impact physiologique réel et qu'elles peuvent influencer nos comportements et nos ressentis. Par exemple, le bleu, une couleur froide, a des vertus apaisantes, voire soporifiques en fonction de sa teinte. Lorsqu'il est plus foncé (bleu jean, marine, bleu profond), son efficacité est reconnue. Le bleu envoûte, hypnotise, nous fait baisser la garde, nous réconcilie, nous fait communiquer avec l'infini du ciel et de la mer. Il est associé à l'élément de l'eau à cause de cette profondeur. Le bleu a aussi la réputation de nous éloigner de la réalité sensorielle et sensuelle… Mais là encore, aucune règle ; c'est une question de goût.

Les tonalités douces pastel, couleur chair, les roses pâles, les terre nous ancrent plus profondément dans le sommeil parce qu'elles sont réconfortantes.

Les couleurs vives, le rouge notamment, ont à l'inverse tendance à accélérer le rythme cardiaque et à nous tenir éveillés. Elles peuvent avoir l'avantage de rendre vos nuits plus sensuelles et votre réveil plus tonique. En tout cas, n'en abusez pas si vous êtes insomniaque. À nuancer, donc, en fonction de vos envies.

LA CHAMBRE DES ENFANTS

Véritable cabane-refuge, la chambre des enfants, par nature multifonctionnelle, réunit trois espaces en un seul :
- un espace dédié au sommeil ;
- un espace de détente avec des jeux, qui évolue au cours du développement de l'enfant ;
- un espace de travail.

Il est donc nécessaire de **bien les dissocier en prenant soin de respecter les goûts et les particularités de votre enfant** pour que ce dernier puisse développer sa personnalité et son autonomie dès le plus jeune âge. Comment le feng shui peut-il se mettre au service de leur expression ?

La forme de la pièce

La forme de la chambre idéale est **régulière comme le carré ou le rectangle**, deux formes stabilisantes pour un chi mieux réparti, et qui permettent une meilleure structuration de l'esprit.

Cependant, une forme irrégulière peut présenter des avantages : les caractéristiques d'un L peuvent être exploitées **en réservant une zone pour les activités yin** (le sommeil) **et une autre pour les activités yang** (l'aire de jeu) afin qu'elles ne se mélangent pas et que votre enfant fasse bien la différence.

Si la chambre est trop petite, il sera plus compliqué pour votre enfant de tirer parti des deux énergies yin-yang sans les mélanger, à moins que vous ne disposiez d'une pièce supplémentaire. Sinon, privilégiez les rangements qui permettront d'alterner clairement les qualités des deux espaces nocturne et diurne.

Le mobilier et le rangement

Ils sont **accessibles à l'enfant, conçus pour sa taille et pas trop remplis** : c'est à vous de le préparer.

- **Réduisez le nombre de meubles autant que possible, rangez et évitez de saturer les angles de la pièce :** la circulation du chi doit être facilitée pour qu'il puisse être vivifiant*. Cette aisance dans les déplacements doit d'ailleurs se retrouver dans l'ensemble de l'habitation pour que votre enfant ne se sente pas contraint dans son épanouissement. (Veillez, au passage, aux règles de sécurité élémentaires pour sa protection.) Le mobilier se compose d'un lit – que l'école Montessori** préconise sans barreaux pour plus de liberté –, d'une table et d'une chaise à sa hauteur, ainsi que d'un miroir pour qu'il prenne conscience de son être, de ses gestes dans l'espace, de ses limites corporelles.
- Le mobilier adapté aux enfants doit être homologué et sécurisé : de nombreux fabricants proposent des gammes à tous les tarifs***. Privilégiez les meubles en bois avec des angles arrondis, en rotin ou en bambou.
- **Limitez le nombre de jeux !** Ils sont placés dans des meubles ouverts, sans tiroir, ou sur des étagères plutôt que jetés en vrac dans des caisses en plastique ; sinon, choisissez les petites caisses à roulettes faciles à déplacer.

---

* Attention à la mauvaise interprétation du chi qui est souvent faite : il ne faut pas confondre le chi environnemental qui baigne la maison et qui se moque bien de savoir si vous avez rangé ou pas. C'est surtout nous qui associons le fait que les choses soient rangées (donc cachées) à la tranquillité de l'esprit.

** La pédagogie Montessori permet aux enfants d'acquérir une autonomie en mettant à leur disposition, notamment, un mobilier adapté à leur âge et leur développement. Pour en savoir plus : www.montessori-france.asso.fr

*** Il existe de nombreux distributeurs et marques de mobilier pour enfants : Serendipity, Bonton, Womb, Gautier, www.filedanstachambre.com, www.natureetdecouvertes.com.

- **Facilitez-lui l'accès aux rangements** et disposez dans son armoire les vêtements de la saison pour qu'il puisse les choisir lui-même. Mettez-vous à sa place. Ne prévoyez que deux niveaux de rangement seulement (les pinceaux se mettent dans un pot plutôt que dans une boîte que l'on range dans un tiroir, etc.).
- **À la fin de la journée, et pour faciliter la transition vers le monde de la nuit, montrez-lui comment ranger ses jouets.** Il intégrera ce petit rituel pour le reproduire tout seul. Le fait de voir ou de savoir que son espace est dégagé, prêt pour le lendemain, facilitera son sommeil.

Les emplacements et les orientations : indispensables !

La méthode est la même que pour la chambre des parents, qu'il partage peut-être au début, d'ailleurs.

- Si son gua appartient aux Maisons de l'Ouest, sa chambre sera située dans les secteurs ouest, sud-ouest, nord-ouest ou nord-est.
- Si son gua relève des Maisons de l'Est, il dormira plus paisiblement dans les secteurs est, sud-est, sud ou nord de votre habitation (voir p. 128 et 138 pour savoir comment faire le calcul et les différences entre chaque direction). À vous de choisir le meilleur endroit en fonction des contraintes qui sont propres à votre habitat. En général, les enfants détiennent un sixième sens pour choisir la chambre qui leur correspond.
- Dans un second temps, pour un sommeil de qualité, orientez votre enfant vers l'une de ses quatre meilleures directions.
- En grandissant, il aura besoin d'un bureau : appliquez le même principe que précédemment. Pour avoir l'impression d'être sécurisé, il peut être assis dos au mur et face à la pièce. S'il manque de concentration, limitez sa vision spatiale et n'hésitez

pas à tourner son bureau face au mur, auquel il aura accroché ses dessins favoris.

Si cela ne résout pas les problèmes de sommeil de votre enfant, **vérifiez les Étoiles volantes qui sont dans sa chambre.** Regardez l'étoile yin de montagne ; peut-être est-elle trop stimulée par un environnement yang :

- une route trop active à l'extérieur ;
- une ambiance et une décoration trop colorées ;
- votre enfant ne fait pas la différence entre les activités diurnes et nocturnes parce que son espace ne la fait pas non plus ;
- un sha chi (chambre placée au bout d'un couloir trop yang, nourri par la porte d'entrée, par exemple) ;
- la chambre est située dans la zone yang de l'appartement ;
- la présence de sources lumineuses ou de bruit est trop importante…

DEUX AMBIANCES DIFFÉRENTES

En journée, l'espace consacré à l'aire de jeu est lumineux, des différences de rythme peuvent être créées avec des couleurs et des matériaux stimulant l'activité yang, l'expérimentation et le mouvement : la présence de matières avec différentes textures est recommandée pour développer la sensation du toucher ; le bois, élément vivifiant, est propice au développement et à la croissance. Au contraire, pour l'espace de nuit qui doit être régénérant, choisissez plutôt des matériaux doux, biodégradables et hypoallergéniques, du bois plutôt que du plastique, une couleur discrète.

À NOTER

Si le problème n'est toujours pas réglé, un expert feng shui pourra vous accompagner vers la solution. N'oubliez pas qu'il existe en réalité 24 possibilités différentes pour s'orienter dans l'espace et que la méthode des Huit demeures décrite dans cet ouvrage – par souci de simplification – n'en présente que huit (quatre bénéfiques et quatre néfastes). D'autre part, le maniement des chi temporels n'est pas chose aisée et on a parfois l'impression de s'emmêler les pinceaux. Un spécialiste pourra vous éclairer.

Votre enfant dort mal... et si la solution était ailleurs ?

Le sommeil est primordial pour la croissance des enfants ! **Mais le problème vient peut-être d'autre part ; voici quelques pistes :**

- Les enfants sont de véritables éponges : leur inquiétude est souvent la conséquence du mal-être de leurs parents. Dans ce cas, le feng shui questionnera en premier le papa et la maman afin de trouver une solution équilibrante qui aura des répercussions bénéfiques sur les enfants.
- Son lit est placé :
  - sous une fenêtre, et cette position insécurise votre enfant car il subit le flux énergétique de manière frontale ;
  - sur le trajet qui relie la porte à la fenêtre.
- Il se sent écrasé dans un lit superposé : le chi est compressé contre le plafond. Sa chambre est dans une pièce mansardée au plafond bas qui comprime le chi.
- Son lit est placé sous une poutre aux angles aigus ou une poutre métallique.
- La pièce regorge de multiples recoins dans lesquels le chi a tendance à stagner.

- Sa chambre souffre d'un manque d'isolation phonique : installez une porte de séparation entre l'espace yang de la maison et l'espace yin ; isolez également les fenêtres.
- La séparation entre les activités de jeu et de sommeil est mal délimitée. Cela relève d'un problème de rangement : le lit est en hauteur et la partie basse du lit est occupée par des jeux, le désordre, une aire de jeu disproportionnée...
- Les meubles de sa chambre sont trop imposants et non adaptés à sa taille : votre enfant éprouve peut-être un sentiment d'asphyxie qui peut se traduire par de l'asthme.

UNE SENSIBILITÉ TOUTE PARTICULIÈRE

Les enfants ont, dès la naissance, une sensibilité naturelle aux énergies de toutes sortes qui s'amenuisera – ou pas – au fur et à mesure de leur développement :

› Certains sont affectés par les cours d'eau, ou par des phénomènes telluriques néfastes qui remontent à la surface depuis le sous-sol de l'habitation, ou encore des phénomènes électromagnétiques causés, par exemple, par une télévision placée au-dessous de leur chambre : il suffit parfois de déplacer le lit de quelques mètres dans une zone exempte de nuisances pour qu'ils retrouvent un sommeil réparateur. Un spécialiste pourra vous conseiller.

› N'hésitez pas à instaurer des limites salutaires à votre enfant : pensez à éteindre les équipements (télévision, ordinateurs) générant des ondes Bluetooth, wi-fi... La lecture sur tablette, les jeux en ligne, les téléphones mobiles (de plus en plus d'enfants en sont équipés) les gardent éveillés tard la nuit et empêchent l'arrivée de la mélatonine nécessaire au sommeil tout en fatiguant leurs yeux. (L'industrie optique a de l'avenir : 1 enfant sur 3 porte des lunettes en 2018, et ce n'est pas juste le fait du hasard quand on sait que 70 % des 12/14 ans ont un téléphone mobile*...).

❯ D'autres enfants sont sensibles aux mémoires du lieu : ils disent communiquer avec des personnages invisibles la nuit ou être oppressés par des formes hostiles. J'ai rencontré cette situation de nombreuses fois auprès de mes clients. Lorsque cela dépasse mes compétences, je leur conseille de consulter des professionnels spécialisés et tout rentre rapidement dans l'ordre**.

LE CONSEIL EN +

Le désordre ralentit le chi. Rangez régulièrement et nettoyez, triez, jetez, donnez... Lorsque votre enfant disposera d'un bureau à partir de l'école élémentaire, prévoyez une poubelle.

* Source : AFOM/Sofres.

** Thérapeutes énergétiques, chamans et médiums.

Chapitre 13

La cuisine, un espace vital

Au même titre que la chambre nous ressource, la cuisine est reliée directement à notre santé : c'est le lieu de préparation et de dégustation des repas.

À l'image du chi ou de l'air qu'on respire, la nourriture est l'énergie indispensable au fonctionnement de notre corps et de notre esprit. Le choix d'une nourriture saine et riche, les conditions de sa préparation, l'état d'esprit du cuisinier et l'espace lui-même contribuent à l'élaboration de repas sains et qualitatifs.

En médecine traditionnelle chinoise, et tout particulièrement en diététique, l'aliment est d'ailleurs considéré comme un traitement qui exerce une véritable action pour maintenir le bien-être et alimenter le souffle vital.

LA MÉDECINE TRADITIONNELLE CHINOISE (MTC)

Le feng shui et la MTC ont la même origine taoïste, ils utilisent donc les mêmes systèmes : les 5 éléments, le yin et le yang, le chi... L'ouvrage médical de référence est *Le Classique interne de l'Empereur Jaune* (3e millénaire avant J.-C.), qui traite de la façon de maintenir l'équilibre entre les organes avec des remèdes, de la gymnastique, de l'acupuncture, de l'herboristerie... Les déséquilibres sont répertoriés selon les critères du yin et du yang (du froid et du chaud). Par exemple, les pathologies « trop yang » dues à la chaleur, concernent la circulation sanguine et les maladies cardiaques tandis que les pathologies « trop yin » dues au froid sont relatives aux troubles rénaux et aux problèmes d'arthrose.

Les pathologies peuvent également être classées par catégories en fonction des 5 éléments :

- FEU : fièvre, stress, saignements de nez, angine de poitrine.
- TERRE : problèmes de rate (splénomégalie), troubles digestifs.
- MÉTAL : maladies pulmonaires, asthme, toux, boulimie.
- EAU : colique néphrétique, problèmes rénaux, rétention urinaire, ostéoporose.
- BOIS : hépatite, cirrhose, jaunisse, impuissance.

UN ESPACE YANG PAR EXCELLENCE

La cuisine – à condition qu'elle soit utilisée – est un espace typiquement yang, car **les activités qui y sont rattachées sont yang** :

- La matière première y est transformée : à travers la cuisson, le feu, élément yang par excellence, y joue un rôle prépondérant, notamment pour les systèmes des Huit demeures et des Étoiles volantes.
- La famille y prend ses repas.
- Parfois, les enfants y travaillent.

- C'est un espace de convivialité et d'échange qui est souvent ouvert sur une autre pièce.

EMPLACEMENT ET DIRECTION

Son emplacement dans l'habitation est donc déterminé par différents paramètres :

- La cuisine doit se situer **à proximité des espaces de convivialité** (salle à manger et salon) **et se tenir à l'écart des espaces yin** (chambres), qui sont à l'abri des activités yang et des pollutions de la cuisine.
- Le choix de son emplacement est défini **en fonction du gua de la personne qui cuisine et du temps passé aux fourneaux** : les énergies du lieu affecteront davantage un cuisinier dont c'est le métier. Une étude poussée permettra d'évaluer les impacts.
- En général, étant donné la nature du feu, la cuisine est placée stratégiquement dans un emplacement défavorable, ce qui évite que le feu ne « grille » les énergies d'un secteur favorable que l'on réservera plus volontiers à d'autres pièces utilisées comme la chambre ou le bureau...

Par exemple : pour une personne du groupe de l'Ouest (2, 6, 7, 8) dont les emplacements bénéfiques sont l'ouest, le sud-ouest, le nord-ouest et le nord-est, on placera la cuisine à l'opposé dans les espaces situés au sud, nord, est et sud-est. Et inversement pour une personne du groupe de l'Est (1, 3, 4, 9).

- Si la cuisine est dans l'un de vos bons secteurs, utilisez la technique du microloshu en plaçant les appareils de cuisson dans les mauvais secteurs de la pièce.
- Si c'est vous qui cuisinez, **orientez-vous vers vos meilleures directions** en fonction de la technique du Ba zhai et des Étoiles volantes.

- Si vous prenez vos repas dans la cuisine, tenez compte de vos orientations.

LE FEU ET LES ÉTOILES VOLANTES

La présence du feu exerce une action sur les étoiles 9, 7, 2 et 5 qui sont dans la cuisine en renforçant leur caractère : les conséquences peuvent être néfastes en fonction des étoiles temporelles, comme nous avons pu le voir pour Mathieu (voir p. 163). Une cheminée ou un poêle à bois pourront donc avoir des conséquences lorsqu'ils sont utilisés en hiver... À prendre avec des pincettes, donc.

LA CUISINE IDÉALE : FONCTIONNELLE ET CONVIVIALE

Pour faciliter la préparation des mets, la conception de cet espace ergonomique devra avoir été réfléchie en amont.

La circulation énergétique

La circulation énergétique y est harmonieuse, ni trop rapide, ni trop lente :

- Un espace d'au moins un mètre entre les éléments permet de se mouvoir aisément et que deux personnes au moins puissent s'y croiser (ou une personne à mobilité réduite).
- La hotte doit être à bonne hauteur pour éviter que l'on se cogne dessus, l'évier et les placards ne sont placés ni trop bas, ni trop haut ; la surface du plan de travail qui permet d'effectuer plusieurs tâches en même temps bénéficie d'un éclairage directionnel.
- Les outils ainsi que les appareils sont facilement accessibles.

- Les trois zones principales doivent être aménagées de telle façon que l'activité et la circulation y soient facilitées : une zone de préparation et de cuisson, une zone de lavage, une zone de rangement.

L'îlot central

On a coutume de dire que le feu doit être protégé par un mur. Car autrefois, le feu était dans un foyer et pouvait être dangereux. À l'heure actuelle, les plaques électriques, à induction et vitrocéramiques ne constituent plus une menace aussi importante. Elles peuvent donc se trouver sur un îlot. **Le fait de pouvoir circuler autour de l'îlot permet de s'ajuster avec ses bonnes orientations** tout en gardant un œil sur la porte pour pouvoir cuisiner en toute confiance. En revanche, pour les plaques fonctionnant au gaz, il reste préférable de les installer contre un mur, ce qui en assurera la sécurité.

EXEMPLES DE CHI LENT DANS UNE CUISINE

› L'absence de fenêtres et d'aération : l'air n'est pas renouvelé. Pour éviter la stagnation du chi, agrandissez l'espace en abattant les cloisons afin d'intégrer l'entrée dans une autre pièce qui bénéficie d'ouvertures. Cela permettra le renouvellement de l'air. Si ce n'est pas possible, installez une VMC (ventilation mécanique contrôlée).

› La mauvaise qualité lumineuse, l'absence de lumière du jour, les éclairages artificiels : placez des spots au-dessus du plan de travail sous des meubles hauts et des lumières d'appoint dans les

→

coins sombres, cela relèvera les vibrations de la pièce. La lumière participe au confort et à la convivialité.

› Le manque d'hygiène, la présence de surfaces grasses, de poussière, etc. Armez-vous de courage, le ménage a d'excellentes vertus ! Utilisez des produits biodégradables et naturels (vinaigre blanc, citron, bicarbonate de soude...).

› Les choses qui dysfonctionnent : rien de pire qu'un couteau qui coupe mal, qu'un spot en panne ou qu'un évier bouché ! La première des choses à faire consiste à réparer, à remplacer les éléments défectueux ou à jeter ce qui ne peut être réparé... Le chi spécifique de la cuisine n'en sera que meilleur et cela aura des répercussions sur votre humeur et la qualité des mets.

› Le désordre contribue à la stagnation des énergies : vous passez plus de temps à chercher vos ustensiles qu'à réaliser un plat ? Organisez votre espace et gagnez du temps : équipez-le de rangements efficaces, de préférence fermés, plus faciles à nettoyer, et rangez vos robots électroménagers.

Comment bien ranger dans la cuisine ?

Vous trouverez une littérature abondante sur la question du rangement, mais voici déjà quelques principes faciles à mettre en place, même si votre cuisine est minuscule.

Un mobilier bien agencé doit être **efficace, pratique et fonctionnel** !

- Les rangements fermés sont préférables aux rangements ouverts ou semi-ouverts (de type grillagés), sauf pour la vaisselle ou les objets que vous utilisez souvent.
- Ils sont propres, faciles à nettoyer et préservés de l'humidité.
- Ils présentent un classement par catégories (vaisselle, alimentation fraîche et conserves, produits d'entretien...).

- Ils sont positionnés à proximité de leur zone d'utilisation.
- Pensez pratique ! Les tiroirs bas permettent de voir l'intégralité de leur contenu. Les placards sont munis de porte sans poignée, de type « pousse-lâche ». Positionnés en hauteur ou très bas, ils seront réservés aux affaires que vous n'utilisez qu'occasionnellement.

LES 5 ÉLÉMENTS DANS LA CUISINE

Le feu

Il s'exprime sous sa forme physique à travers la flamme, les couleurs rouges et solaires, les lumières. Il n'y a pas d'emplacement arbitraire (au sud, sud-ouest ou nord-est) comme on peut le lire çà et là. Il est déterminé par rapport aux orientations de chacun et à la cartographie des Étoiles volantes.

Le feng shui s'intéresse surtout au feu lorsqu'il est manifesté naturellement. La couleur rouge retient également son attention parce qu'elle constitue un excellent moyen de renforcer rapidement l'élément en question. L'intérêt que porte le feng shui traditionnel aux autres couleurs n'est pas aussi important.

On évitera bien sûr de placer la plaque de cuisson devant une fenêtre, mais cela tient du bon sens.

L'eau

Ne placez pas l'évier trop près de la plaque de cuisson, car l'eau et le feu ne font pas bon ménage :

- ils sont utilisés pour des fonctions qui doivent être bien séparées, avec deux types de chi bien différents (le lavage et la cuisson) ;
- du point de vue des éléments, ils se situent à l'opposé l'un de l'autre.

Le métal

Les casseroles, couteaux, ciseaux, accessoires, mobilier métallique, hotte, réfrigérateur, machines, appartiennent à cette catégorie.

Le bois

Il est représenté sous forme d'accessoires, ustensiles, mobilier, placards... Mais sa forme la plus énergétique est incarnée dans la plante.

La terre

Céramique, marbre, carrelage, pot...

À NOTER

Il n'y a aucune obligation à équilibrer les éléments entre eux comme on le lit parfois (avec la pseudo-règle des 3 tortues qui est une création de l'école du feng shui occidental) : cela relève plus d'un principe décoratif que du feng shui... L'équilibre n'existe pas : tout est en situation de construction permanente ou de déconstruction (voir p. 48).

LES ALIMENTS YIN ET YANG

Les Chinois ont développé très tôt un savoir encyclopédique sur l'herboristerie. Ils considèrent que la nourriture, lorsqu'elle est saine et riche, constitue le meilleur des médicaments. Les aliments yin (contenant de l'eau, les légumes verts, la pastèque...) sont utilisés pour réguler les pathologies liées au yang ; au contraire, les aliments yang (banane, huile, noisettes, chocolat, café, gingembre, épices...) régulent l'excès de yin dans le corps. (Voir p. 210 la classification yin/yang des pathologies.)

LES CUISINES AVEC UN CHI RAPIDE

Un chi trop rapide dans une cuisine est **source de stress, d'inconfort, d'insécurité.** Idéal pour rater une mayonnaise...

Voici quelques exemples empruntés à l'univers des cuisines contemporaines, minimaliste et froid :

- Les revêtements lisses stratifiés et vinyle, les matériaux de synthèse (« *solid surfaces* »), Corian®, béton ciré, plus faciles d'entretien et plus résistants.
- Les transparences et les reflets du verre et de l'Inox, les poignées de placard en métal.
- L'absence de texture, de relief, de profondeur, les surfaces vernies et brillantes.
- Les couleurs froides et neutres telles que le blanc ou le noir, le gris ou le bleu-vert.
- Les lignes droites, rectilignes, épurées...
- Afin d'optimiser au maximum le volume d'un espace, les constructeurs optent pour les formes cubiques à angles droits et les alignements d'éléments de cuisine qui constituent de véritables lignes droites accélératrices de chi. Certaines « cuisines

couloir » ne donnent pas envie de rester, surtout si elles sont étroites... Les formes angulaires et pointues constituent en outre des sha chi qui mettent mal à l'aise.

À NOTER

Encore faut-il relativiser leur impact en fonction de l'objet : l'exemple consacré est celui des couteaux de cuisine ou des ciseaux dont la lame ne doit pas être visible car elle serait menaçante... Elle présente surtout un risque pour les jeunes enfants : rangez-les dans des tiroirs ou des socles en bois prévus à cet effet.

Comment renforcer convivialité et chaleur dans la cuisine ?

Pour réchauffer l'atmosphère de votre cuisine high-tech et **ralentir le chi** :

- Optez pour des objets et des matériaux yin pourvus d'angles arrondis et de formes douces.
- Privilégiez les matériaux authentiques, tels que le bois, qui sont plus agréables au toucher et amènent plus de chaleur que les revêtements synthétiques. Ramenez des matières douces ou texturées qui invitent à la convivialité : les panières en osier, le bambou...
- Customisez une armoire de chambre ancienne que vous aurez chinée et peinte d'une couleur punchy, cassez le style contemporain avec une armoire asiatique...
- La présence d'une cuisinière ou d'un poêle à bois avec de vraies flammes (vérifiez son emplacement au préalable, voir p. 170) renforcera les aspects cosy. Veillez aux éclairages chauds pour

manger, disposez photophores et bougies, un must hygge*, les Danois vous le diront !

- Les accessoires propices à la convivialité sont yin (revêtement mat, vaisselle en terre cuite, sets de table en lin...) ou yang et plus formels (présence de cristal, d'assiettes en porcelaine et argenterie de votre grand-mère).
- Évitez les couleurs neutres (blanc et noir), froides (bleu et vert), et privilégiez celles qui ouvrent l'appétit (le rouge), renforcent le relationnel (l'orange) ou expriment la joie comme le jaune. Encore une fois, vous êtes seul juge...**

---

* Vous retrouverez plus de détails sur cet art de vivre danois page 29.

** Pour en savoir plus sur l'impact des couleurs dans votre habitation, vous pouvez consulter le chapitre intitulé « Les couleurs feng shui : symbolique et utilisation » dans mon premier ouvrage : *Le Grand Livre du feng shui* (Leduc.s éditions, 2016).

Chapitre 14

Les bienfaits du feng shui dans le bureau

Avoir une activité professionnelle chez soi relève parfois du challenge, car il faut concilier l'espace professionnel avec l'espace privé sous le même toit tout en faisant preuve d'autodiscipline et de persévérance.

Le feng shui ne résoudra pas tout, mais, associé à de l'architecture intérieure, il pourra apporter des solutions d'aménagement efficaces.

AVANT TOUTE CHOSE, POSEZ-VOUS LES BONNES QUESTIONS !

De quoi avez-vous besoin ? d'un grand bureau ? d'une pièce ou juste d'un coin ? Cet espace suppose-t-il un endroit pour recevoir ? La lumière est-elle essentielle à votre travail ? Avez-vous besoin d'une bibliothèque de livres ou juste d'un ordinateur ? Combien de temps passerez-vous dans votre bureau ? Allez-vous le partager ou non avec un collègue, votre partenaire de vie ou un membre de votre famille ? Souhaitez-vous l'intégrer dans la maison ou l'isoler complètement ? Etc.

Autant de paramètres dont il faudra tenir compte pour organiser l'espace, répartir les différentes activités et le mobilier, sans compter les problèmes esthétiques liés à la décoration...

Il est essentiel que vous vous posiez toutes ces questions liées à votre activité. Elles permettront de déterminer où vous placerez votre bureau dans la maison, comment vous l'agencerez et le décorerez.

À NOTER

On a tendance à penser qu'il faut isoler cet espace dans un coin de l'habitation à l'écart de la vie familiale. Ce n'est pourtant pas une obligation, tout dépend du contexte : la place et la valeur que vous donnez au travail, le nombre de personnes dans votre foyer et leur présence, le type d'espace et l'activité que vous y exercez.

N'oubliez pas les fondamentaux du feng shui : yin-yang, emplacements et orientations, circulation du chi !

PENSEZ YIN-YANG POUR CHOISIR L'ESPACE QUI VOUS CONVIENT

- **Vous avez besoin de calme ?** Éloignez-vous des pièces les plus animées et rejoignez l'espace yin. Évitez en revanche d'installer votre bureau dans la chambre pour ne pas mélanger les différents chi contradictoires, celui du sommeil et celui du travail, sinon vous risqueriez de rester éveillé la nuit en pensant à vos dossiers. Un grenier aménagé, une extension donnant sur le jardin, une chambre d'amis inutilisée, la chambre de votre enfant qui n'habite plus chez vous...

- **Au contraire, vous avez besoin de travailler dans une ambiance plus animée ?** Installez un coin bureau dans le salon, une mezzanine...
- Certaines activités nécessitent parfois de recevoir des clients ou des patients. **Veillez alors à bien séparer les fonctions :** dans une maison, il est préférable que votre cabinet soit situé près d'une porte d'entrée. S'il y a deux portes, c'est encore mieux : vous pourrez en réserver une à votre activité et l'autre pour les allées et venues de la famille.

LES EMPLACEMENTS ET LES ORIENTATIONS EN 4 POINTS !

- Choisissez un **secteur de la maison** qui correspond à un bon emplacement.
- Positionnez votre bureau dans **l'un des meilleurs secteurs de la pièce.**
- **Orientez-vous vers l'une de vos meilleures directions.** Une fois que vous aurez orienté correctement votre bureau ou votre écran d'ordinateur, vous n'aurez plus qu'à vous installer sans vous poser de question.
- Vous souhaitez passer au niveau supérieur ? **Direction les Étoiles volantes !** Il en existe plusieurs qui peuvent être utilisées en fonction de votre projet, mais vous pouvez déjà sélectionner les meilleures étoiles d'eau pour la période 8 : l'étoile 8 (la superstar), la 9, la 1 (voir p. 159).

TOURNEZ-VOUS DANS LE BON SENS

Soyez flexible ! Dans votre espace, vous pouvez prévoir des assises complémentaires afin d'utiliser d'autres orientations favorables en fonction de l'activité souhaitée, par exemple recevoir un client, téléphoner à un fournisseur, se concentrer sur un dossier, etc. Encore plus simple : prenez une chaise pivotante !

APPLIQUEZ LES PRINCIPES SÉCURISANTS DES ANIMAUX SYMBOLIQUES

- Votre dos s'appuie sur un mur ou vous êtes assis dans un fauteuil protecteur ; **évitez d'avoir du vide derrière vous** (la rambarde d'un escalier qui descend, une mezzanine ou une baie vitrée…).
- Depuis votre siège, vous dominez la situation avec une **vision sur les ouvertures et l'espace intérieur de la pièce** – ou vers l'extérieur, c'est mieux pour bien se projeter.
- Dans les combles ou les greniers aménagés, attention à la tête avec les poutres ou les plafonds trop bas !
- Pour le volume des meubles à votre gauche ou à votre droite, faites comme bon vous semble : cela n'aura aucune incidence sur votre travail. **Le principal est que vous vous sentiez sécurisé.**
- **Évitez les zones de passage, les couloirs étroits, les petits espaces où l'on habite à plusieurs.** Il est parfois difficile de ne pas être dérangé et de se protéger des gênes visuelles et sonores. Je vous conseille dans ce cas de vous rendre dans des espaces dédiés, ces tiers-lieux ou coworkings équipés des technologies numériques nécessaires pour communiquer avec son entreprise, ses partenaires ou ses clients.

ET SI JE NE DISPOSE QUE D'UN COIN BUREAU ?

Vous n'avez pas d'autre possibilité que de vous installer dans le salon ou la salle à manger ? Marquez votre territoire, c'est un espace privé !

- **Créez une séparation** (mur, cloison, paravent, rideau, meuble haut), utilisez un coin, un renfoncement, une alcôve ; délimitez votre espace en le peignant d'une autre couleur. Cela est valable également dans les espaces ouverts et décloisonnés, comme un loft.
- **Choisissez les moments les plus opportuns pour travailler** en fonction du rythme des autres membres de la famille.
- Utilisez du **mobilier multifonction et escamotable** qui permet de dissimuler un plateau de bureau ou des périphériques (imprimantes, scanners...), par exemple. Idéal aussi pour les petits espaces.

CIRCULATION ÉNERGÉTIQUE, MOBILIER ET RANGEMENTS

Pour que le chi puisse circuler, suivez ces principes :

- Le sol est dégagé, la pièce est propre et en ordre : le soir, faites le tri, videz la poubelle, libérez le plateau du bureau pour qu'il soit inspirant et opérationnel le lendemain.
- Ouvrez grand vos fenêtres le matin et le soir pour renouveler l'air : vous vous sentirez mieux dans un bureau qui respire.
- Le nombre de meubles doit être raisonnable, supprimez ceux qui ne servent à rien ou qui font double emploi. Leur taille est proportionnelle au volume de la pièce, ni trop petite, ni trop grande. Leur hauteur est homogène afin d'éviter les décrochés visuels.

- Vous avez besoin d'un bureau avec son fauteuil, d'assises pour recevoir, de rangements, de prises pour la connectique, de luminaires, de plantes. Des objets décoratifs pour personnaliser et un coin détente sont possibles.
- L'espace est organisé en fonction des tâches.
- Des rangements réfléchis optimisent une meilleure circulation énergétique dans l'espace.

COMMENT BIEN CHOISIR MON BUREAU ?

Le meuble de bureau est grand et solide, avec un plateau de 60 cm de large, sans caisson pour plus de confort.
Le choix de sa forme dépend de l'utilisation que vous en ferez, selon qu'il est fixe ou temporaire : carré ou rectangle, ou bien circulaire pour des miniréunions, ou même en L pour zoner des activités différentes et capter ainsi des orientations intéressantes.
Si vous avez beaucoup de fils qui traînent, prévoyez de faire des trous dans le bureau et camouflez-les dans des gaines prévues à cet effet.

COMMENT BIEN CHOISIR MON FAUTEUIL ?

Investissez dans un fauteuil ergonomique avec ou sans roulettes, surtout si vous l'utilisez souvent. Certains modèles proposent une position avancée ou reculée pour détendre la musculature statique. Le meilleur est celui qui privilégie la position naturelle en S de la colonne vertébrale. Et tenez compte de votre morphologie, bien sûr. Tout peut être réglé : du plan de travail au siège (ajustement de la hauteur, du dossier, des accoudoirs) en passant par la hauteur de l'écran, ainsi que la position du poignet sur le tapis de souris.

Évidemment, changez de position souvent, bougez pour que vos muscles ne s'atrophient pas, c'est le principe du *use it or lose it (« si tu ne l'utilises pas, tu le perds »)* ! Prenez un bol d'air sur votre balcon, dans votre jardin, allez faire un tour dans la rue pour remettre en mouvement votre corps.

Occupez-vous de vos plantes dépolluantes (spathiphyllum, chlorophytum, anthurium...), versez quelques gouttes d'huiles essentielles (orange douce, pamplemousse, romarin ou lavande officinale...) sur votre diffuseur pour vous redonner un coup de fouet ou calmer votre stress.

LE CONSEIL EN +

Si nécessaire, prévoyez des sièges supplémentaires pour recevoir votre clientèle ainsi qu'un espace pour les tout-petits afin qu'ils ne s'ennuient pas.

LES AMBIANCES YIN ET YANG DANS LE BUREAU

Selon les activités, vous pouvez privilégier :

- **Une ambiance yin (douce)** : tapis, tissus, bois, matériaux naturels et authentiques, lumières indirectes, fauteuils, formes rondes, angles arrondis, couleurs douces et chaudes, plantes à bouts ronds, bibliothèque remplie de livres.
- **Une ambiance yang (pour transformer une ambiance trop calme) :** du mobilier avec des angles et des lignes droites, un plateau de bureau en verre avec un piètement en chrome, un siège en plastique des années 1970, des placards fermés en mélaminé blanc, une lumière froide, des plantes...

Des rangements efficaces sont adaptés à ce que vous souhaitez stocker : armoire munie de tiroirs pour les dessins d'architecte, placards à archives, documents administratifs, fournitures, etc. Les choses dont vous avez besoin sont situées à proximité du bureau, sur les étagères derrière vous par exemple.

UN ÉCLAIRAGE DE BUREAU ADAPTÉ

Dans un bureau, la lumière est primordiale ! **Et surtout la lumière naturelle**, qui éclaire tous les angles de la pièce : plus vos fenêtres sont grandes, mieux c'est. La lumière est essentielle pour rester positif et performant au travail.

- Celle du matin qui vient de l'est est particulièrement vivifiante et inspirante.
- La lumière venant du sud est parfois trop forte : vous pouvez la réguler à l'aide de stores tamisants réglables.

LE CONSEIL EN +

Conseil d'ergonome : pour un meilleur confort de lecture, ne placez pas votre écran d'ordinateur face au soleil.

- La lumière de fin de journée, plus reposante, plus yin, est idéale pour une activité plus relâchée, pour lire par exemple.
- La lumière du nord, constante, peut être utilisée pour les travaux de précision, comme le dessin.

Le soir venu, le travail peut continuer sous l'éclairage d'une lampe à poser directionnelle ou des spots. **Équilibrez les sources de lumière pour éviter les zones d'ombre et les contrastes préjudiciables aux yeux.** Profitez-en pour faire des économies d'énergie en prenant des LED !

En hiver, lorsque le manque de lumière naturelle se fait sentir, combinez les lampes directionnelles pour les travaux précis et les lumières qui créent une atmosphère chaleureuse.

LES ÉLÉMENTS DÉCORATIFS

Entourez-vous de ce qui vous stimule : tableaux, illustrations, objets, et n'hésitez pas à en changer quand ils ne vous inspirent plus ! Créez des rythmes avec différents formats d'encadrement (jouez sur les marie-louise) ou, si vous avez besoin d'une décoration plus structurée, positionnez vos objets par paire, sans envahir tout l'espace bien sûr.

JOUEZ AVEC LES COULEURS !

Les couleurs froides et claires agrandissent les petits espaces et ramènent de la lumière dans les pièces sombres, à la différence des couleurs chaudes qui font monter la température de quelques degrés selon certaines études comportementales.

Les taux de réflexion sont également importants : le blanc, le vert clair, le bleu clair, réfléchissent davantage la lumière que le marron ou le rouge qui l'absorbent.

Pour un bureau performant, préférez les ambiances monochromatiques plutôt que le mélange de plusieurs couleurs qui pourrait perturber la concentration. Réservez la couleur sur un seul pan de mur ou aux objets décoratifs et au matériel bureautique...

À CHAQUE TYPE D'ACTIVITÉ SA COULEUR

› Le rouge est stimulant, il réchauffe (comme le feu), il invite à s'affirmer, à se positionner, mais également à prendre des initiatives ou des décisions trop rapides. C'est sans doute la couleur la plus visible, idéale pour la communication et les échanges...

› À l'opposé, le bleu aide à se concentrer, à faire des recherches, il favorise le repli et l'intériorité, à la différence de l'orange qui aiderait à communiquer.

› Le vert est vivifiant, calmant et oxygénant comme l'énergie du bois, et le jaune a des vertus antifatigue...

› Attention au gris et à sa monotonie qui n'invite pas à la décision...

Tout un programme que je vous laisse le soin d'appliquer ou non... En tout cas, de nombreux spécialistes peuvent vous aiguiller tels que Jean-Gabriel Causse (www.jg-causse.com, auteur de *L'Étonnant Pouvoir des couleurs**), l'agence de Valérie Laporte-Volatier (www.lesmursontdesoreilles.com) ou Sparkling (www.sparkling.fr), l'agence d'architecture intérieure spécialisée dans les couleurs, dirigée par Adeline Guy.

* Jean-Gabriel Causse, *L'Étonnant pouvoir des couleurs*, Éditions du Palio, 2014.

Conclusion

Vous l'avez compris, le feng shui ne se résume pas qu'à une histoire de couleurs...

Cette technique nous invite à interroger la réalité qui nous entoure, celle que nous voyons ou que nous croyons voir. L'observation, qu'elle place au premier plan de sa méthode, nous permet d'interpréter le chi, ce souffle vital sans lequel rien n'existerait, de l'utiliser à nos fins pour faire de nos habitats des lieux qui nous soutiennent.

La méthode employée dans ce manuel – si elle reste une initiation que je vous incite à approfondir – vous permettra d'obtenir des résultats probants. Le feng shui propose différentes techniques plus ou moins complexes qui peuvent être utilisées ensemble ou séparément. À vous de les tester.

Être maître de l'univers ? Le feng shui est doté d'une indéniable puissance. Il rend tout ou presque réalisable. Si certaines de ses formules détenues par une poignée d'hommes restent encore secrètes, c'est parce que, dit-on, leur magie pourrait contrôler le monde. Utilisées à mauvais escient, elles pourraient devenir une source de danger.

À quoi cela servirait-il de les appliquer, d'ailleurs ? Pour accroître sa puissance matérielle ? Le but de la vie, à mon avis, ne réside pas dans le contrôle omnipotent à quelque échelle que nous l'appliquions : sur notre environnement physique, les hommes, les animaux ou nous-mêmes...

Passer tous nos désirs de manière compulsive à la moulinette du feng shui ne rime à rien. Y faire appel ne devrait servir qu'à nous aider à dénouer nos problématiques et atteindre des objectifs précis.

Parfois, certains événements bouleversants débarquent dans nos vies. C'est une question de destin ou de karma, diront les Orientaux. Le réflexe serait alors de faire appel au feng shui. Mais ces événements ne sont-ils pas là justement pour nous apprendre à lâcher prise, pour que nous renoncions à nos objectifs et à notre obstination impérieuse de vouloir que tout aille dans le même sens que nous ?... C'est souvent lorsque nous baissons la garde que nous obtenons les meilleurs résultats.

Il est plus sage d'adopter la bonne attitude pour accéder à la vraie richesse, en se tenant sur la Voie comme nous le suggère le taoïsme. Heureusement, le feng shui ne résout pas tout, en fait ! N'oublions pas qu'il n'est qu'une des trois clés de la solution.

Face à notre destin, cet ADN de la vie, l'astrologie chinoise, telle une longue-vue, nous donne les moyens de prévoir les aléas et de nous y adapter en conséquence.

Enfin, notre comportement compte également : celui que nous adoptons face aux événements, dans notre relation aux autres ou à nous-mêmes. La constance dans le lâcher-prise, l'indulgence, l'honnêteté et l'humilité, qualités que nous possédons tous, sont essentielles pour pratiquer l'art du feng shui.

Remerciements

Je remercie Valéry pour son avis éclairé, Anthony pour sa patience, Éric pour la qualité de son enseignement ainsi que mon éditeur pour sa confiance.

ANNEXES

GRILLES DES ÉTOILES VOLANTES

Période 7

Grille des Étoiles volantes
Période 7 (4 février 1984 - 3 février 2004)

S1

2 3 6	7 7 2	9 5 4
1 4 5	3 2 7	5 9 9
6 8 1	8 6 3	4 1 8

Façade sud 1
(157°5 - 172°5)

S2

4 1 6	8 6 2	6 8 4
5 9 5	3 2 7	1 4 9
9 5 1	7 7 3	2 3 8

Façade sud 2
(172°5 - 187°5)

S3

4 1 6	8 6 2	6 8 4
5 9 5	3 2 7	1 4 9
9 5 1	7 7 3	2 3 8

Façade sud 3
(187°5 -202°5)

SO1

5 9 2	7 7 4	32 9
9 5 6	1 4 7	2 3 8
8 6 5	4 1 1	6 8 3

Façade sud-ouest 1
(202°5 - 217°5)

SO2

6 8 2	4 1 4	8 6 9
2 3 6	1 4 7	9 5 8
3 2 5	7 7 1	5 9 3

Façade sud-ouest 2
(217°5 - 232°5)

SO3

6 8 2	4 1 4	8 6 9
2 3 6	1 4 7	9 5 8
3 2 5	7 7 1	5 9 3

Façade sud-ouest 3
(232°5 - 247°5)

O1

2 6 4	7 2 9	6 1 8
9 4 2	5 9 7	1 5 3
4 8 6	3 7 5	8 3 1

Façade ouest 1
(247°5 - 262°5)

O2

8 3 4	3 7 9	4 8 8
1 5 2	5 9 7	9 4 3
6 1 6	7 2 5	2 6 1

Façade ouest 2
(262°5 - 277°5)

O3

8 3 4	3 7 9	4 8 8
1 5 2	5 9 7	9 4 3
6 1 6	7 2 5	2 6 1

Façade ouest 3
(277°5 - 292°5)

Grille des Étoiles volantes
Période 7 (4 février 1984 - 3 février 2004)

NO1

4 6 9	5 7 8	1 3 3
9 2 4	6 8 7	3 5 1
2 4 2	7 9 6	8 1 5

Façade nord-ouest 1
(292°5 - 307°5)

NO2

8 1 9	7 9 8	2 4 3
3 5 4	6 8 7	9 2 1
1 3 2	5 7 6	4 6 5

Façade nord-ouest 2
(307°5 - 322°5)

NO3

8 1 9	7 9 8	2 4 3
3 5 4	6 8 7	9 2 1
1 3 2	5 7 6	4 6 5

Façade nord-ouest 3
(322°5 -337°5)

N1

1 4 8	6 8 3	8 6 1
9 5 9	2 3 7	4 1 5
5 9 4	7 7 2	3 2 6

Façade nord 1
(337°5 - 352°5)

N2

3 2 8	7 7 3	5 9 1
4 1 9	2 3 7	9 5 5
8 6 4	6 8 2	1 4 6

Façade nord 2
(352°5 - 7°5)

N3

3 2 8	7 7 3	5 9 1
4 1 9	2 3 7	9 5 5
8 6 4	6 8 2	1 4 6

Façade nord 3
(7°5 - 22°5)

NE1

8 6 3	1 4 1	6 8 5
3 2 8	4 1 7	5 9 6
2 3 9	7 7 4	9 5 2

Façade nord-est 1
(22°5 - 37°5)

NE2

9 5 3	7 7 1	2 3 5
5 9 8	4 1 7	3 2 6
6 8 9	1 4 4	8 6 2

Façade nord-est 2
(37°5 - 52°5)

NE3

9 5 3	7 7 1	2 3 5
5 9 8	4 1 7	3 2 6
6 8 9	1 4 4	8 6 2

Façade nord-est 3
(52°5 - 67°5)

Grille des Étoiles volantes
Période 7 (4 février 1984 - 3 février 2004)

E1

3 8 1	7 3 5	8 4 6
5 1 3	9 5 7	4 9 2
1 6 8	2 7 9	6 2 4

Façade est 1
(67°5 - 82°5)

E2

6 2 1	2 7 5	1 6 6
4 9 3	9 5 7	5 1 2
8 4 8	7 3 9	3 8 4

Façade est 2
(82°5 - 97°5)

E3

6 2 1	2 7 5	1 6 6
4 9 3	9 5 7	5 1 2
8 4 8	7 3 9	3 8 4

Façade est 3
(97°5 -112°5)

SE1

1 8 5	9 7 6	4 2 2
5 3 1	8 6 7	2 9 4
3 1 3	7 5 8	6 4 9

Façade sud-est 1
(112°5 - 127°5)

SE2

6 4 5	7 5 6	3 1 2
2 9 1	8 6 7	5 3 4
4 2 3	9 7 8	1 8 9

Façade sud-est 2
(127°5 - 142°5)

SE3

6 4 5	7 5 6	3 1 2
2 9 1	8 6 7	5 3 4
4 2 3	9 7 8	1 8 9

Façade sud-est 3
(142°5 - 157°5)

Période 8

Grille des Étoiles volantes
Période 8 (4 février 2004 - 3 février 2024)

S1 ↑

5 2 7	9 7 3	7 9 5
6 1 6	4 3 8	2 5 1
1 6 2	8 8 4	3 4 9

Façade sud 1
(157°5 - 172°5)

S2 ↑

3 4 7	8 8 3	1 6 5
2 5 6	4 3 8	6 1 1
7 9 2	9 7 4	5 2 9

Façade sud 2
(172°5 - 187°5)

S3 ↑

3 4 7	8 8 3	1 6 5
2 5 6	4 3 8	6 1 1
7 9 2	9 7 4	5 2 9

Façade sud 3
(187°5 -202°5)

SO1 ↑

7 1 3	5 8 5	9 3 1
3 6 7	2 5 8	1 4 9
4 7 6	8 2 2	6 9 4

Façade sud-ouest 1
(202°5 - 217°5)

SO2 ↑

6 9 3	8 2 5	4 7 1
1 4 7	2 5 8	3 6 9
9 3 6	5 8 2	7 1 4

Façade sud-ouest 2
(217°5 - 232°5)

SO3 ↑

6 9 3	8 2 5	4 7 1
1 4 7	2 5 8	3 6 9
9 3 6	5 8 2	7 1 4

Façade sud-ouest 3
(232°5 - 247°5)

O1 ↑

9 7 5	4 3 1	5 2 9
2 5 3	6 1 8	1 6 4
7 9 7	8 8 6	3 4 2

Façade ouest 1
(247°5 - 262°5)

O2 ↑

3 4 5	8 8 1	7 9 9
1 6 3	6 1 8	2 5 4
5 2 7	4 3 6	9 7 2

Façade ouest 2
(262°5 - 277°5)

O3 ↑

3 4 5	8 8 1	7 9 9
1 6 3	6 1 8	2 5 4
5 2 7	4 3 6	9 7 2

Façade ouest 3
(277°5 - 292°5)

Grille des Étoiles volantes
Période 8 (4 février 2004 - 3 février 2024)

NO1

9 2 1	8 1 9	3 5 4
4 6 5	7 9 8	1 3 2
2 4 3	6 8 7	5 7 6

Façade nord-ouest 1
(292°5 - 307°5)

NO2

5 7 1	6 8 9	2 4 4
1 3 5	7 9 8	4 6 2
3 5 3	8 1 7	9 2 6

Façade nord-ouest 2
(307°5 - 322°5)

NO3

5 7 1	6 8 9	2 4 4
1 3 5	7 9 8	4 6 2
3 5 3	8 1 7	9 2 6

Façade nord-ouest 3
(322°5 -337°5)

N1

4 3 9	8 8 4	6 1 2
5 2 1	3 4 8	1 6 6
9 7 5	7 9 3	2 5 7

Façade nord 1
(337°5 - 352°5)

N2

2 5 9	7 9 4	9 7 2
1 6 1	3 4 8	5 2 6
6 1 5	8 8 3	4 3 7

Façade nord 2
(352°5 - 7°5)

N3

2 5 9	7 9 4	9 7 2
1 6 1	3 4 8	5 2 6
6 1 5	8 8 3	4 3 7

Façade nord 3
(7°5 - 22°5)

NE1

9 6 4	2 8 2	7 4 6
4 1 9	5 2 8	6 3 7
3 9 1	8 5 5	1 7 3

Façade nord-est 1
(22°5 - 37°5)

NE2

1 7 4	8 5 2	3 9 6
6 3 9	5 2 8	4 1 7
7 4 1	2 8 5	9 6 3

Façade nord-est 2
(37°5 - 52°5)

NE3

1 7 4	8 5 2	3 9 6
6 3 9	5 2 8	4 1 7
7 4 1	2 8 5	9 6 3

Façade nord-est 3
(52°5 - 67°5)

Grille des Étoiles volantes
Période 8 (4 février 2004 - 3 février 2024)

E1

4 3 2	8 8 6	9 7 7
6 1 4	1 6 8	5 2 3
2 5 9	3 4 1	7 9 5

Façade est 1
(67°5 - 82°5)

E2

7 9 2	3 4 6	2 5 7
5 2 4	1 6 8	6 1 3
9 7 9	8 8 1	4 3 5

Façade est 2
(82°5 - 97°5)

E3

7 9 2	3 4 6	2 5 7
5 2 4	1 6 8	6 1 3
9 7 9	8 8 1	4 3 5

Façade est 3
(97°5 -112°5)

SE1

7 5 6	8 6 7	4 2 3
3 1 2	9 7 8	6 4 5
5 3 4	1 8 9	2 9 1

Façade sud-est 1
(112°5 - 127°5)

SE2

2 9 6	1 8 7	5 3 3
6 4 2	9 7 8	3 1 5
4 2 4	8 6 9	7 5 1

Façade sud-est 2
(127°5 - 142°5)

SE3

2 9 6	1 8 7	5 3 3
6 4 2	9 7 8	3 1 5
4 2 4	8 6 9	7 5 1

Façade sud-est 3
(142°5 - 157°5)

Période 9

Grille des Étoiles volantes
Période 9 (4 février 2024 - 3 février 2044)

S1

4 5 8	9 9 4	2 7 6
3 6 7	5 4 9	7 2 2
8 1 3	1 8 5	6 3 1

Façade sud 1
(157°5 - 172°5)

S2

6 3 8	1 8 4	8 1 6
7 2 7	5 4 9	3 6 2
2 7 3	9 9 5	4 5 1

Façade sud 2
(172°5 - 187°5)

S3

6 3 8	1 8 4	8 1 6
7 2 7	5 4 9	3 6 2
2 7 3	9 9 5	4 5 1

Façade sud 3
(187°5 -202°5)

SO1

7 2 4	9 9 6	5 4 2
2 7 8	3 6 9	4 5 1
1 8 7	6 3 3	8 1 5

Façade sud-ouest 1
(202°5 - 217°5)

SO2

8 1 4	6 3 6	1 8 2
4 5 8	3 6 9	2 7 1
5 4 7	9 9 3	7 2 5

Façade sud-ouest 2
(217°5 - 232°5)

SO3

8 1 4	6 3 6	1 8 2
4 5 8	3 6 9	2 7 1
5 4 7	9 9 3	7 2 5

Façade sud-ouest 3
(232°5 - 247°5)

O1

4 5 6	9 9 2	8 1 1
2 7 4	7 2 9	3 6 5
6 3 8	5 4 7	1 8 3

Façade ouest 1
(247°5 - 262°5)

O2

1 8 6	5 4 2	6 3 1
3 6 4	7 2 9	2 7 5
8 1 8	9 9 7	4 5 3

Façade ouest 2
(262°5 - 277°5)

O3

1 8 6	5 4 2	6 3 1
3 6 4	7 2 9	2 7 5
8 1 8	9 9 7	4 5 3

Façade ouest 3
(277°5 - 292°5)

Grille des Étoiles volantes
Période 9 (4 février 2024 - 3 février 2044)

NO1

6 3 2	7 2 1	3 6 5
2 7 6	8 1 9	5 4 3
4 5 4	9 9 8	1 8 7

Façade nord-ouest 1
(292°5 - 307°5)

NO2

1 8 2	9 9 1	4 5 5
5 4 6	8 1 9	2 7 3
3 6 4	7 2 8	6 3 7

Façade nord-ouest 2
(307°5 - 322°5)

NO3

1 8 2	9 9 1	4 5 5
5 4 6	8 1 9	2 7 3
3 6 4	7 2 8	6 3 7

Façade nord-ouest 3
(322°5 -337°5)

N1

3 6 1	8 1 5	1 8 3
2 7 2	4 5 9	6 3 7
7 2 6	9 9 4	5 4 8

Façade nord 1
(337°5 - 352°5)

N2

5 4 1	9 9 5	7 2 3
6 3 2	4 5 9	2 7 7
1 8 6	8 1 4	3 6 8

Façade nord 2
(352°5 - 7°5)

N3

5 4 1	9 9 5	7 2 3
6 3 2	4 5 9	2 7 7
1 8 6	8 1 4	3 6 8

Façade nord 3
(7°5 - 22°5)

NE1

1 8 5	3 6 3	8 1 7
5 4 1	6 3 9	7 2 8
4 5 2	9 9 6	2 7 4

Façade nord-est 1
(22°5 - 37°5)

NE2

2 7 5	9 9 3	4 5 7
7 2 1	6 3 9	5 4 8
8 1 2	3 6 6	1 8 4

Façade nord-est 2
(37°5 - 52°5)

NE3

2 7 5	9 9 3	4 5 7
7 2 1	6 3 9	5 4 8
8 1 2	3 6 6	1 8 4

Façade nord-est 3
(52°5 - 67°5)

Grille des Étoiles volantes
Période 9 (4 février 2024 - 3 février 2044)

E1 ↑

8 1 3	4 5 7	3 6 8
6 3 5	2 7 9	7 2 4
1 8 1	9 9 2	5 4 6

Façade est 1
(67°5 - 82°5)

E2 ↑

5 4 3	9 9 7	1 8 8
7 2 5	2 7 9	6 3 4
3 6 1	4 5 2	8 1 6

Façade est 2
(82°5 - 97°5)

E3 ↑

5 4 3	9 9 7	1 8 8
7 2 5	2 7 9	6 3 4
3 6 1	4 5 2	8 1 6

Façade est 3
(97°5 -112°5)

SE1 ↑

8 1 7	9 9 8	5 4 4
4 5 3	1 8 9	7 2 6
6 3 5	2 7 1	3 6 2

Façade sud-est 1
(112°5 - 127°5)

SE2 ↑

3 6 7	2 7 8	6 3 4
7 2 3	1 8 9	4 5 6
5 4 5	9 9 1	8 1 2

Façade sud-est 2
(127°5 - 142°5)

SE3 ↑

3 6 7	2 7 8	6 3 4
7 2 3	1 8 9	4 5 6
5 4 5	9 9 1	8 1 2

Façade sud-est 3
(142°5 - 157°5)

LES CLÉS POUR ÊTRE CONSULTANT FENG SHUI

- **Suivre une bonne formation !** Les vrais formateurs s'inscrivent dans une lignée de maîtres authentiques qui est reconnue. Renseignez-vous auparavant avant de vous engager dans une formation qui peut vous coûter beaucoup d'argent...
- **Comprendre les différents outils et méthodes du feng shui et les faire siens** nécessite parfois un temps d'assimilation et de maturation, de mise en pratique lors d'une phase de test d'abord, puis en situation réelle. Réinterroger sa pratique, ses habitudes et tout le savoir acquis nécessite beaucoup de courage. Cette remise en question est parfois nécessaire pour enrichir ses prestations et renforcer leur efficacité.
- **Rester ouvert et s'enrichir avec d'autres techniques héritées du taoïsme** telles que le Ba zi, la méthode astrologique chinoise ou le Yi jing, la technique de divination, par exemple.
- **Être humble et patient :** les résultats qu'on attend ne sont pas toujours au rendez-vous, il faut parfois réinterroger ses conclusions, tester et vérifier les recommandations qui ont été mises en place.
- **Savoir communiquer.**
  - Il existe deux types de clients : celui qui ne pose jamais de questions et qui est juste intéressé par des résultats rapides, peu importe les moyens utilisés ; et celui qui ne donnera sa confiance qu'au prix de multiples explications. Il faut, à mon avis, occuper la position médiane en tenant des propos clairs. **Se mettre à la portée du client, c'est parler la même langue que lui.** Il m'arrive parfois d'expliquer avec des mots simples les concepts chinois qui peuvent apparaître compliqués pour des profanes.

  - Si vous souhaitez travailler avec les entreprises, il est nécessaire de **connaître ses spécificités et de comprendre son langage (parfois très technique) afin de pouvoir communiquer efficacement.**
- **Écouter !** C'est entendre la problématique du client, l'évaluer et mettre en place les mesures correspondant aux objectifs. Savoir écouter, c'est aussi avoir les capacités de se maintenir à bonne distance pour rester neutre et professionnel.
- Développer une **capacité d'évaluation** et savoir mettre en place un **protocole d'actions dans le temps**.

INDEX

A

Acupuncture 26
Animaux symboliques (ou célestes) 77, 224
Architecture 24

B

Bagua 32, 50
Ba zhai (méthode du Ba zhai ou des Huit demeures / Huit palais) 34, 125
Ba zi 20
Boussole 116, 119
Bureau 221

C

Centre 106, 123
Chambre 12, 191
Chance (les trois chances) 11, 53
Chi 39, 138, 187, 202, 217
Cinq éléments 66, 215
Cuisine 209
Contre-mesures 70
Couleurs 200, 229, 230
Cure de sel 171
Cycle de construction (ou de production, d'engendrement) 67
Cycle de modération (ou d'affaiblissement) 68
Cycle de contrôle (ou de destruction) 69
Cycles élémentaires 67

D

Décoration 23
Direction 126
Dragon 78
Dui 52, 61, 135

E

Eau 17, 66, 91, 215
Ecoles 31
Ecologie 29
Emplacement 18, 125,126
Entrée 185
Etoile annuelle, journalière, temporelle 157, 162
Etoile de base 158
Etoile de la montagne (assise, sitting) 158, 169
Etoile de l'eau (façade, facing) 158, 168
Etoiles fastes et néfastes 159
Etoiles volantes (Flying stars, Xuan kong) 36, 149, 172
Extension 107

F

Façade 155
Feu 66, 212
Fu wei 140

G

Gen 52, 60, 135
Géobiologie 25
Géométrie fractale 199
Groupe de l'est /ouest (ou Maison) 131, 132
Gua (ou ming gua) 125, 169

H

Hetu 64
Huit demeures (Ba Zhai, Huit Palais) 34, 125
Huo hai 140
Hygge 29

I - J

Interactivité 41
Jue ming 141

K

Kan 52, 57, 133
Kun 52, 55, 134

L

Li 52, 56, 136
Liu sha 140
Lopan 119
Loshu 63, 121

M

Maison de l'Est/Ouest 127
Manque 107, 122
Médecine traditionnelle chinoise (MTC) 210
Microloshu 146, 198, 199, 211

O

Observation 80
Ondes (électriques/ électromagnétiques) 195
Ordre / désordre 202

Orientation 18, 125

P

Pangu 47
Pente 95
Phénix 78
Point cardinal / semi-cardinal 50, 117
Porte 186

Q

Qi : voir Chi
Quian 52, 54, 135

S

San he (le) (ou la méthode des Trois harmonies, des Trois portes, de la forme, du relief) 35
Santé 27, 86
Sha chi 85
Sheng chi 139
Space clearing 34, 171

T

Tai ji 47
Tao 46
Temps 19, 20, 21, 22, 151, 166
Tian yi 139
Tigre 79
Tortue 64, 78
Trigramme 51
Trinité cosmique 11, 53
Trois harmonies (méthode des) 35

V

Vastu shastra 27

W

Wu gui 140
Wu ji 47

X

Xuan kong (école des Etoiles volantes) 36
Xué 26, 79
Xun 52, 59, 134

Y

Yian nian 139
Yin-yang 18, 46, 180, 181, 217

Z

Zhen 52, 58, 134

TABLE DES MATIÈRES

Sommaire **5**
Préface **7**
Introduction **11**

PARTIE 1. LES GRANDS PRINCIPES ET LES CLÉS DU FENG SHUI **15**

Chapitre 1

Ce qu'est le feng shui et ce qu'il n'est pas **17**
L'art de placer au bon endroit 18
L'art de placer au bon moment 19
Une vision du temps cyclique 21
Les aménagements feng shui sont-ils faits pour durer ? 23
Feng shui et décoration, est-ce la même chose ? 23
Des liens entre feng shui et géobiologie 25
Le feng shui, une forme d'acupuncture 26
Le feng shui est-il une solution contre la maladie ? 27
Le Vastu shastra, l'ancêtre du feng shui ? 27
Le hygge, un feng shui sauce danoise ? 29
Le feng shui et l'écologie 29

Chapitre 2

Les différentes méthodes du feng shui **31**
La méthode du Bagua 32
Avantages et limites de la méthode 33
La méthode des Huit demeures 34
Avantages et limites de la méthode 35

L'école des 3 harmonies 35
Avantages de la méthode 36
L'école des étoiles volantes 36
Avantages et limites de la méthode 37

Chapitre 3
Les principes fondamentaux 39
Le chi, souffle de vie 39
Le chi est naturel et omniprésent 40
Le chi est-il perceptible ? 40
Le chi est multiforme et interactif 41
Le flux du chi 41
Comment modifier le parcours du chi chez soi ? 45
Le yin et le yang 46
Le tao, l'origine de toute chose 46
Du wuji aux 10 000 êtres 47
Le yin-yang 48
Le bagua 50
Les trigrammes 51
Les trigrammes en pratique 61
Utiliser le bagua 62
Le loshu 63
Les 5 éléments 66
Les 3 cycles élémentaires 67

PARTIE 2. COMMENT DÉCRYPTER L'ENVIRONNEMENT DE VOTRE HABITATION ? 75

Chapitre 4
Les environnements à privilégier et à éviter 77
Les 4 animaux célestes qui composent le site idéal 77
Comment s'adapter au milieu urbain ? 79
Observez ! 80
Prêtez attention aux risques de votre environnement 83

Chapitre 5
Apprendre à distinguer les bons chi des mauvais chi 85
Sha chi, les souffles tueurs 85
La vibration de l'eau, vecteur d'énergie 91
Les voies de circulation 93

Chapitre 6
À la recherche du terrain idéal 95

La pente : bon chi ou mauvais chi ? 95
Terrain en pente : où vaut-il mieux être situé ? 95
La bonne dynamique de la pente 96
La forme du terrain 99
L'accès à la propriété 102
Et le bâtiment ? 103
La forme de l'habitation 104
L'équilibre et la simplicité avant tout 106
Le centre a son importance ! 106
Évitez les manques 107

PARTIE 3. LE FENG SHUI À L'INTÉRIEUR DE LA MAISON..109

Chapitre 7
Les 4 étapes pour décrypter votre intérieur 111
Première étape : se procurer un plan à l'échelle 111
Deuxième étape : trouver l'orientation de la façade 116
Troisième étape : place au loshu ! 121
Quatrième étape : déterminer le centre du plan 123

Chapitre 8
Vos meilleurs emplacements et directions 125
À chacun son ming gua ! 125
Les Maisons de l'Ouest et de l'Est 127
Calculez votre gua 128
Un peu de révisions ! 132
Les guas et leur personnalité 133
Gua 1, eau (trigramme Kan : l'eau) 133
Gua 2, grande terre (trigramme Kun : la terre) 134
Gua 3, grand bois (trigramme Zhen : le tonnerre, l'éclair) 134
Gua 4, petit bois (trigramme Xun : le vent) 134
Gua 6, grand métal (trigramme Qian : le ciel) 135
Gua 7, petit métal (trigramme Dui : le lac, le marais) 135
Gua 8, petite terre (trigramme Gen : la montagne) 135
Gua 9, feu (trigramme Li) 136
La compatibilité entre les guas 136
Les huit qualités de chi 138
Les chi bénéfiques 139
Les chi néfastes 140
Utilisez les bons chi en fonction de votre activité 141
Cas pratique 142
Profil de Jean 147

Chapitre 9
Des étoiles qui volent ... 149
Comment cette carte énergétique se manifeste-t-elle ? ... 150
Le découpage circulaire du temps ... 151
Déterminer la période de sa maison ... 151
Monter la grille des étoiles volantes de son habitation ... 152
L'orientation de la façade ... 155
La superposition de la grille sur le plan d'habitation ... 156
Déchiffrer les étoiles dans la grille ... 158
Interpréter les étoiles ... 158
Entrée en action des étoiles temporelles ... 162
Portrait ... 163
Décryptage ... 163
Calcul de la grille d'Étoiles volantes ... 164
L'instant T ... 166
Comment les étoiles sont-elles activées ? ... 168
La méthode des étoiles volantes en quelques points ... 172

PARTIE 4. LES 4 PIÈCES IMPORTANTES DE LA MAISON... 175

Chapitre 10
Quelques rappels avant de commencer... ... 177
N'oubliez pas les meilleurs emplacements et orientations ... 177
Entrée, cuisine, chambre, bureau : pourquoi sont-elles importantes ? ... 179
Les espaces yin et les espaces yang ... 180
La répartition des pièces dans l'habitation ... 181
Dans un appartement ... 181
Dans une maison à deux niveaux ... 183
Dans une maison à trois niveaux ... 183
Les conditions pour transformer les surfaces d'une habitation ... 184

Chapitre 11
L'entrée, la bouche du chi ... 185
Les 3 points à vérifier avant d'entrer ... 185
La porte idéale en feng shui ... 186
Une entrée qui respire ! ... 186
Faire entrer le chi ... 187
Retenir le chi ... 187
Dynamiser son espace ... 187

Chapitre 12
Vous passez votre vie dans votre chambre ! ... 191

Un espace yin dédié au calme 191
Favorisez une bonne circulation du chi 192
La position et l'orientation du lit 197
Respectez votre gua 197
Un couple avec des directions opposées, est-ce un problème ? 197
Des sens apaisés 199
La chambre des enfants 201
La forme de la pièce 201
Le mobilier et le rangement 202
Les emplacements et les orientations : indispensables ! 203
Votre enfant dort mal... et si la solution était ailleurs ? 205

Chapitre 13
La cuisine, un espace vital 209
Un espace yang par excellence 210
Emplacement et direction 211
La cuisine idéale : fonctionnelle et conviviale 212
La circulation énergétique 212
L'îlot central 213
Comment bien ranger dans la cuisine ? 214
Les 5 éléments dans la cuisine 215
Les cuisines avec un chi rapide 217
Comment renforcer convivialité et chaleur dans la cuisine ? 218

Chapitre 14
Les bienfaits du feng shui dans le bureau 221
Avant toute chose, posez-vous les bonnes questions ! 221
Pensez yin-yang pour choisir l'espace qui vous convient 222
Les emplacements et les orientations en 4 points ! 223
Appliquez les principes sécurisants des animaux symboliques 224
Et si je ne dispose que d'un coin bureau ? 225
Circulation énergétique, mobilier et rangements 225
Les ambiances yin et yang dans le bureau 227
Un éclairage de bureau adapté 228
Les éléments décoratifs 229
Jouez avec les couleurs ! 229

Conclusion 231
Remerciements 233
Annexes 235
Index 247

Achevé d'imprimer en France par CPI Bussière
À Saint-Amand-Montrond (18)
Dépôt légal : avril 2019
N° d'impression : 2042819